成长比成功更重要

俞敏洪 等 ——著

新 星 出 版 社 NEW STAR PRESS

新经典文化股份有限公司
www.readinglife.com
出　品

口碑推荐

本书试读本悄然走俏，四面八方的好评纷至沓来……

近些年来，关于家庭教育的图书层出不穷。不少作者和出版社在图书出版之前希望我能为其写个序言，向读者推荐。由于身份比较特殊，我很谨慎，并不是有求必应。当我认真阅读了这本书的书稿之后，我情不自禁地产生了一种强烈的欲望，要把这本与众不同、别具一格的家长读物，推荐给广大求知若渴的年轻父母们。

——赵忠心（北京师范大学教授，中国家庭教育学会副会长）

在中国，父母对孩子的关爱特别深，生怕孩子受一点伤害，不愿让孩子冒险尝试与众不同的东西。其实，在新的环境里，人们拥有更多的选择。孩子从小就需要独立性、责任心、选择能力和判断力。这本书将理论用到了实际，是父母们活生生的例子。

——李开复（创新工场董事长兼首席执行官）

本书收录了包括俞敏洪先生在内的9位新东方精英的成长经历和他们对自己子女实践家庭教育的理念。没有枯燥的说教，没有理论的噱头，没有夸夸其谈；有的只是作为家庭教育思考者与实践者的平凡对话。希望本书平实的讲述，能够为每位读者朋友带来启示。

——卢勤（著名教育专家，"知心姐姐"）

当我读到徐小平老师因为二儿子要选修厨师课的那段文字时，立马被吸引住了，徐老师的自我剖析和自我反省，既让我看到了一个和普通人有着同样烦恼的爸爸，又让我明确了作为父母培养孩子的最终目的，那就是让孩子成为一个健康、快乐的人！

——北京爸爸，儿子15岁

育儿的书看过不少，但基本都是纯理论的东西，这本书用的是平实的语言，讲述的是平常人的故事！读后体会到评判孩子不一定就是学校成绩的高低，很大程度上在于品格的培养。

——湖北妈妈，女儿8岁

看过好妈妈、哈佛女孩的妈妈还有犹太妈妈，但实话说不及这本书对我的触动。9 位新东方精英，自己深处教育行业，又大多有过国内外双重生活和学习的经历，结合自己的成长和孩子教育，是言之有物的。

——广州妈妈，教育工作者，女儿 5 岁

以父母和孩子两种身份讲述教育与被教育，对想培养出好孩子的家长有借鉴作用。儿女的成就有相当一部分取决于父母。为人父母不容易，需要好好学习。

——85 后妈妈，儿子 2 岁

一本很实用的教子手册，相信每一位为如何教育孩子犯愁的家长都会有相见恨晚的感觉。它帮助我们改变方式，改变思想。想让孩子变好，家长首先要改变自己。用平等、理解的态度对待孩子，孩子才能茁壮成长。

——35 岁二孩妈妈，儿子 14 岁，女儿 1 岁

无论是当父母的还是当老师的，我觉得都应该看看。这不仅是家庭教育方面的书，也是一本比较积极向上的励志书。我们每个人都应该像他们一样，回头看看来时的路，才能引领孩子走好将来的路。虽然我是个未婚人士，不过提前学习、积累些经验总是好的。

——一位大学生

目 录
Contents

序一   001

序二   004

前言 终生受益的教育，也是最初的教育   009

Chapter 1   成长，比成功更重要

上篇   父母与我

    被"偏爱"的童年   013

    母爱为我撑起一片艳阳天   018

    孝敬，是以敬为先   021

下篇   我与孩子

    与时俱进的家庭教育   025

    坚信的力量   027

    帮儿子养成好习惯   029

    快乐是快乐之母   031

    美好的心境，美好的生活   034

    成长，比成功更重要   036

Chapter 2 　积极家庭教育的受益者和践行者

上篇　父母与我
　　我是积极教育的受益者　　　　　　　041
　　母亲为我播种希望　　　　　　　　043
下篇　我与孩子
　　陪伴孩子成长　　　　　　　　　046
　　359 行，行行有状元　　　　　　049
　　培养孩子的生活品质　　　　　　053
　　"赢"的教育　　　　　　　　　057

Chapter 3 　培养一个孩子，要有设计

上篇　父母与我
　　生命的种子　　　　　　　　　063
　　自由与自立　　　　　　　　　067
下篇　我与孩子
　　思想创新，行为规范　　　　　070
　　能力是这样"炼"成的　　　　073
　　兴趣与回报　　　　　　　　075
　　在竞争中成长　　　　　　　078
　　情感沟通——预防叛逆的疫苗　082
　　教育的终极目的　　　　　　084

Chapter 4　孩子的问题都是父母的问题

上篇　父母与我

童年时我的秘密武器 089

动口不动手的"君子"父亲 091

一言九鼎的母亲 092

下篇　我与孩子

孩子出问题，根源在父母 095

对儿子教育的反思 098

孩子乖与不乖，取决于父母的态度 103

让孩子有尊严地活着 105

遗憾与完美 107

Chapter 5　教育孩子的时机不可错过，家长要懂得取舍

上篇　父母与我

从小种下梦想和善根 111

大姐如母，姐夫如父 114

浪子回头金不换 116

"成功"是成功之母 118

下篇　我与孩子

教育孩子的时机不可错过，家长要懂得取舍 121

让孩子从小爱劳动 124

让孩子从小学会负责任　　127

让孩子从小学会与人相处　　129

生活富有与孩子优秀、成功与否没有必然联系　　131

教育孩子要有耐心，孩子犯错要高兴　　134

鼓励孩子多一些实践和经历　　137

努力告诉孩子事实的真相　　139

发现、培养孩子的爱好和兴趣　　141

融合中西方教育之精华　　143

Chapter 6　遇见孩子，遇见更好的自己

上篇　父母与我

优秀的父母，是孩子幸福的根源　　149

有原则、立规矩，让我受益终生　　152

家庭体育，让我身心更加强大　　155

家风传承，我们一直在成长　　157

下篇　我与孩子

拥抱变化，内心强大　　162

因爱而成长　　164

书籍是我们共同的朋友　　166

家人都是好老师　　170

我的理想，我的绘本　　173

Chapter 7　孩子是整个家庭的，不是妈妈一个人的

上篇　父母与我

童年的印记——与父母分离的日子　　　　　　　179

失之东隅，收之桑榆　　　　　　　　　　　　　185

父亲给了我自由的天空　　　　　　　　　　　　188

与浪花"做游戏"，与大自然"交朋友"　　　　191

母亲教我做柔性的女人　　　　　　　　　　　　194

没有规矩，不成方圆　　　　　　　　　　　　　196

家是储备力量的地方　　　　　　　　　　　　　199

下篇　我与孩子

宁静致远，从容做母亲　　　　　　　　　　　　203

孕前准备：夫妻双方心智的成熟　　　　　　　　205

孕中的学习：胎教和家庭观念的统一　　　　　　208

孕后的恢复：从容计划的受益者　　　　　　　　211

给孩子高质量的陪伴　　　　　　　　　　　　　212

Chapter 8　养育孩子，成长自己

上篇　父母与我

雁影分飞，四处漂泊　　　　　　　　　　　　　219

下篇　我与孩子

鼓励孩子独立生活　　　　　　　　　　　　　　222

寄宿带来的成长历练　　　　　226

允许孩子犯错　　　　　　　228

陪伴儿子一起成长　　　　　231

学在路上，乐从心生　　　　234

培养简单爱的能力　　　　　239

Chapter 9　孩子是遗传加环境的产物

上篇　父母与我

数学家父亲带给我的逻辑　　243

优秀母亲对我的引领和影响　246

下篇　我与孩子

把学习变成游戏　　　　　　249

按纹路去雕琢　　　　　　　251

自然，才会润物细无声　　　254

教育中的斗智斗勇　　　　　256

扬长避短，因人施教　　　　258

我教育女儿的得与失　　　　261

序一

先给大家讲两个真实的故事。故事发生在江南的一个小村庄里，当时正值农忙时节，家家户户都趁着好天气晾晒稻谷。一天，突降暴雨，所有人都赶着去抢收自家的稻谷。有一位母亲却没有急着去收置自家的稻谷，而是带着孩子先把邻居家的稻谷收好了。结果，自己家的稻谷全部被雨淋湿，其中一部分还被雨水冲走。孩子不理解母亲的做法，母亲告诉孩子："别人有困难时我们应该尽力去帮助，他们家里没有人，如果我们不帮他们收，他们家这一年的粮食就会被冲走了。"另一个故事也发生在这个家庭，有一年粮食歉收，家里就剩下不到20斤粮食，而这位母亲却毫不犹豫地分出了一半的粮食送到邻居家，孩子对此很不理解。母亲却说："没事，我们家人少，可以多种点菜掺着米吃，一定能顶过去，不会饿死的。但如果我们不分给邻居一些粮食，他家就会有人饿死。"

这位母亲就是我的母亲。她虽然不识字，没有什么文化，但是她身上的优点使我耳濡目染，成为我做人的准则。母亲的勤劳、善良、无私直接体现在我的身上，促成了新东方的成功，也促成了我今天的成功。

作为父母，我们都希望孩子成功，而孩子的成功与否，与父母对孩子的家庭教育是否正确息息相关。孩子的品格和道德教育的好与坏，是孩子能否取得成功的关键。

家庭教育是一门学问，也是一门艺术。很多中国家长宠爱孩子无度，这样的爱很容易变成溺爱，就像给花儿施肥过度，反而会把花儿给害了。家长都愿意把最好的奉献给孩子，但即便把一切——生命、财富、地位全部给孩子，孩子也未必会获得终身的幸福。只有教会孩子如何做一个成功的人，教孩子学会追求自己的目标，学会享受达到目标以后的幸福感和满足感，孩子才能获得真正的幸福。

这本书中采访的新东方教育精英，既有新东方的创业元老，也有新东方当今的高层管理者，还有新东方的资深教育专家，他们每个人都有着独特的成长经历，同时，大多又是天下父母中的普通一员。在他们的家庭教育中，既有许多让人快乐和感动的瞬间，也有令人无奈和苦恼的困惑。本书不仅分享了这些成功人士自己的成长故事，分享了他们作为子女、作为受教育者，其父辈在家庭教育中给予他们的指导和帮助，还记录了他们在教育孩子的过程中遇到的一些问题、总结的一些经验。

这本书不带任何说教色彩，也不是一本家庭教育指导手册，只希望通过真实的分享与大家进行心与心的交流，引起共鸣，触发思考。

祝福我们的孩子们都能快乐成长，获得真正想要的成功与幸福!

俞敏洪

新东方教育科技集团董事长

序二

近些年来，关于家庭教育的图书层出不穷。不少作者和出版社在图书出版之前希望我能为其写个序言，向读者推荐。由于身份比较特殊，我很谨慎，并不是有求必应，我得先看看书稿再做决定。因为书的质量问题，我婉言谢绝了不少的邀请，也因此让一些人不解。但我并不后悔。因为我是家长的朋友，还有着学者的良知，我不能碍于情面，就昧着良心，随随便便、糊里糊涂地充当那些伪劣图书的"托儿"。这种事我真的做不出来。

当我认真阅读了这本书的书稿之后，我情不自禁地产生了一种强烈的欲望，要把这本与众不同、别具一格的家长读物，推荐给广大求知若渴的年轻父母们。

这本书全方位地展示了包括新东方创始人俞敏洪先生在内的9位高层管理人员接受家庭教育的经历和个人成长的轨迹，以及他们对自己子女实施家庭教育的理念与具体操作过程，是一本难得的家庭教育读物。

他们是令人瞩目的事业成功者，他们为发展我国的民办教育做出的贡献有目共睹，有口皆碑。他们每一个人都有着丰富多彩的成长经历，分别接受了各具特色的成功的家庭教育；同时，他们大多数人又有出国留学的经历，经受过东西方不同文化的熏陶。他们的成长与发展经历，具有典型的现实意义。

他们也都已经为人父母，担负起了抚养和教育子女的责任。他们继承并发扬具有中国特色的家庭教育优良文化传统，大胆借鉴域外家庭教育的经验，按照国际化社会发展的需要，尊重孩子身心发展的规律，对自己的子女实施有个性的培养教育。他们有顺利的欣慰、成功的喜悦，也难免有失意或无奈的困惑。

但他们始终尽职尽责，努力把子女培养成为能够享受高度物质文明和精神文明的幸福的人。从这个意义上来说，他们基本上都是家庭教育的成功者，他们的经验和教训都是宝贵的财富，值得广大年轻父母学习、分享。

他们在教育自己子女的过程中"弃其糟粕，取其精华"，既继承和发扬了中国家庭教育优秀的文化传统，又不拘泥成说，自觉地摒弃了传统家庭教育文化中不合时宜的糟粕。可以说，他们对自己子女实施的家庭教育，既具有中国特色，但又不完全是传统做父母的"角度"。

他们教育自己的子女，不同于今天许多父母的"角度"。当今中国的许多父母，心态很不平和，心浮气躁，急功近利，不善于思考，到处打听子女教育的"小道消息"，缺乏主见，教育思想混乱，教育行为盲目。他们对家庭教育的认识很肤浅，不考虑家庭教育的总目标和大方向，仅仅把家庭教育视为纯粹的"技术活儿"，只是单纯地关注教育的具体措施，没有战略性的眼光和胸怀。而在这本书中介绍教育子女经验的新东方精英，他们是在用"心"教育子女，有深入的思索，有战略眼光，有策略方针。他们胸怀豁达，不狭隘；有主见，不盲从跟风，始终按照既定方针扎扎实实地实施教育计划，且都取得了可喜的效果。因此说，这些精英的为人父母之道也不同于当今中国世俗的为人父母之道，别开生面，大有"别有天地非人间"之感。

近些年来，我国出版了不少介绍中外家庭教育经验的图书，我差不多都看过。但这本书的确有与众不同之处。

首先，这本书的内容很真实。介绍经验，必须得真实。编造的"经验"，肯定会有破绽。前些年出版的一些介绍家庭教育经验的图书，有不少的内容，读者"似曾相见"，就是说作者并不是那么做的；有的家庭教育"经验"太完美了，完美得让读者产生了怀疑。这本书的作者们，不论是他们接受的父辈的家庭教育，还是他们教育自己子女的情况，都表现出坦荡的胸怀和高度的社会责任感，对读者真诚，有一说一，有二说二，不文过饰非，始终实事求是。越是真实的，可信度就越高，就越具有感染力和说服力。

其次，这本书不仅讲述了作者们家庭教育的情况和过程，还谈及家庭教育的感悟。成功的经验是宝贵的，失败的教训也是财富。

我们要善于总结经验和教训，以提升自己，也提示后人。任何的经验虽然都是有价值的，但毕竟不是规律，不可避免地，或多或少都有一定的局限性，有待于上升为理论。这本书中所介绍的9位精英作者，他们都接受过高等教育，具有高度的文化素养和丰富的教育实践经验，在介绍接受教育和教育子女的过程中，结合实际，夹叙夹议，很自然地谈到自己对家庭教育的感悟和反省，没有丝毫的牵强附会，令读者感同身受，产生共鸣，从而避免盲目地生搬硬套。

再者，这本书不仅介绍了境外的家庭教育经验，也对境外的家庭教育经验进行了理性的思索和分析。该书介绍的9位精英作者大多都有出国留学的经历，经过比较鉴别，他们对境外的家庭教育都有比较深刻的了解和认识。在介绍接受家庭教育和自己教育子女情况的过程中，不仅做到了"古为今用"，也坚持"洋为中用"。他们既没有数典忘祖，全盘否定历史文化传统，也没有全盘照搬、全面复古。他们既大胆借鉴国外先进的家庭教育理念，又认真咀嚼、消化吸收，努力使之"本土化"，始终坚持实事求是的态度。这些教育经验和见解无疑给我们提供了良好的范例。

书中涉及的主人公虽然都是大家公认的成功者，但他们没有自恃不凡、盛气凌人，把自己装扮成为家庭教育的标杆和榜样；作者也没有把这本书写成一本家庭教育指导手册。他们只是以普通人的身份，通过回顾自己接受家庭教育的过程、个人成长的轨迹和自己教育子女的实践，跟广大中国家长平等地进行心与心的分享与交流，以期引起家长对家庭教育问题的深入思考。因此，阅读此书，你会感到很亲切，也容易认同书中的观点。

我相信，当你打开这本家长通俗读物后，会惊奇地发现：在浮躁社会生活的背后，还另有一个清新、优雅、美妙的世界。你不仅会领略到这些成功者的风采，还能领悟他们成功的真谛。只要开卷，必定获益，并且能"不虚此行"。

赵忠心

北京师范大学教授

中国家庭教育学会副会长

前言

终生受益的教育，也是最初的教育

在生物界，有一个"印刻效应"理论：一只刚睁眼的小鸭子会把孵蛋的母鸡当作自己的妈妈；一条长大的鱼，无论多么遥远，都要游回自己的出生地去产卵。一个孩子在幼年时期，父母对他的教育及家庭对他的影响也具有"印刻效应"。

犹太教育学家迪伊梅是研究家庭环境与孩子智力关系的专家。他专门选择被别人收养的儿童作为研究对象，因为这些孩子在他们出生不久就离开自己的亲生父母，这样迪伊梅就得到了生长环境对孩子影响的一组数据。迪伊梅的研究成果发现，一个出生在父母平均智力指数在90左右的家庭的孩子，如果被一个养父母智商为110的家庭收养的话，他的智商指数可以提高到110。迪伊梅的报告特别提到一对双胞胎姐妹，其中姐姐被一对农民夫妇收养，妹妹被一对大学教师收养。姐姐长大后，做过酒吧招待和商场收银员，21岁便嫁给一个建筑工人，现在是有三个孩子的家庭主妇；而妹妹在大学毕业后，做了妇产科医生，在28岁时嫁给一名外交官。这种差异充分说明，成长环境的不同对人生各自的发展道路造成深远的影响。

通过这对姐妹的成长我们可以看出，家庭塑造人的力量远远大于人们的想象。黎巴嫩诗人纪伯伦曾说："如果父母是一张弓，孩子就是搭在弓上的箭。"孩子将来成长得好坏，"射"向哪里，无疑将受父母这张"弓"的直接影响。

父母是孩子的第一任老师。父母的言谈举止、行为品格和气质德行对孩子的个性、人格及行为模式的建立起着至关重要的作用，尤其是在漫长的家庭生活中，父母对孩子的影响作用更为深远，父母的一些行为习惯常常会影响孩子一生的命运。鲁迅曾经说过："纵观自己的一生，母亲对我的影响深刻而久远。"

就像每个人都有自己独特的性格一样，每个家庭都有属于自己的"家庭性格"和主导价值观，这深刻地影响着每个孩子的行为和心理。在学校教育更注重分数而难以全面培养孩子的今天，更多的人把目光投向了家庭，因为他们发现，与学校教育相比，"家庭性格"和家庭教育对孩子全面、健康成长的影响更直接、更长久。

下面，让我们看看新东方的精英们从小受过的家庭教育，以及他们又是怎样对他们的下一代开展家庭教育的，从中我们能够感受到这些精英们成长的轨迹和成功的必然性，同时，了解他们对于家庭教育的思考及其与众不同的教子行动，以帮助读者开展更优质的家庭教育。

Chapter ①

成长，比成功更重要

俞敏洪

　　父母要培养孩子拥有美好的心境。我一直认为，对于孩子来说，书本学习只是学习的一部分，培养他们美好的心境更重要。什么是美好的心境呢？就是热爱生命、热爱大自然的一种情绪状态。

上篇
父母与我

　　人是被大脑里的操作系统指挥着往前走的，就这样，我逐渐形成了一种心态。这种心态后来被我称为"穿越地平线，走向远方的渴望"。这是一种心灵对未来的渴望，渴望自己的生命不断地向前延伸，这种渴望落实到行动上，就是看书学习，这是我能走出去的唯一道路。

被"偏爱"的童年

我们家一共有三个孩子，我有一个姐姐和一个哥哥。我哥哥在四岁时得了肺炎。我外婆迷信，说是被魂魄"相"了，不让送医院，结果哥哥在生命的最后一刻才被送到医院。医生说，哥哥的肺部都被烧黑了，埋怨我父母送得太晚。我父母就这样眼睁睁地看着自己的儿子离开了人世，母亲撕心裂肺地哭了很长时间。后来，也许是为了弥补对哥哥的爱，她将所有的爱都倾注到了我的身上。

小时候，我印象最深的一件事情是打针。那时，我的身体一直不太好，几乎天天都要打针。每次打针时，我都像被宰杀的家畜一样喊叫。哥哥的离去给母亲带来了阴影，只要我的身体有一点毛病，她就会送我去打针。有一次，我得了肝炎和哮喘病。父母吓坏了，第一时间送我去医院接受全面治疗，还为此提心吊胆了很多年，幸运的是，我活了过来。为了给我增加营养，从1962年我出生那年开始，到1980年我考入北京大学，母亲一共养了136头猪，这在当时可不是一个小数目。母亲还养鸡，每次我身体有点问题，母亲就杀一只鸡给我补身体，邻居说我从小是在鸡汤和鸡蛋里泡大的。

母亲把她全部的爱都给我了，为了我能健康、快乐地成长，她可以做出一切牺牲。我姐比我大五岁，她长大后，母亲让她去学医，因为她当医生后，可以方便给我打针。这似乎对我有点"偏爱"。母亲的爱，就这样伴随着我成长，一直到今天。

我的父亲是个木匠，在家乡一带小有名气。父亲最拿手的手艺活是架大梁。方圆十里之内，只要有人家盖房子，一般都会请他去架大梁。在我们家乡有个风俗，架大梁、盖新房的人家当天都要请喝酒，我父亲很慷慨，经常喝得一高兴就不要工钱了。有时候，母亲也会因为父亲没拿到工钱而跟他吵架。我父亲长得又高又壮，而我母亲长得很瘦小。可是，每次我母亲打我父亲的时候，父亲从来都不还手。不管别人说什么，父亲都是一副无所谓的样子，任何时候都不会伤害家人。因此在我的心里，一直觉得我父亲特别宽厚，特别有男子汉气概。

在没有人家盖房子时，空闲在家的父亲也会做一些家具拿到市场去卖，比如，八仙桌、椅子、凳子等。但是父亲的性格很粗放，做不了细致的活儿，所以他做的家具不太美观，也卖不出好价钱。经常是别人买去的家具，过几天又送回家来修理。在我的记忆中，父亲用在修家具上的时间比用在做家具上的时间还要多，但他依然乐在其中。每次父亲做家具时，我都会在旁边"帮忙"——其实是捣乱，但父亲从不管我，我想做什么就做什么。在不知不觉中，我学会了使用刨子、凿子、锯等工具。我在八九岁时就开始自己做小凳子了，尽管我做出来的小凳子坐上去就散架，但我依然体会到了成就感。现在，我的动手能力比较强，这和小时候玩这些木匠工具应该有很大的关系。

从父亲那里，我学会了宽厚，学到了退一步海阔天空的处世态度。坦然地面对生活中的悲和喜，不管别人怎么说，做自己想做、愿意做的事，并且乐在其中，这又何尝不是一种美好呢？父亲活得很潇洒，他友善地对待周围的每一个人。

因为不计较，所以不悲伤；因为不在意，所以不落寞。"吃亏是福"，这句话在父亲那里得到了验证。父亲慷慨地对待家乡的父老乡亲，因此得到了众乡亲的爱戴；父亲宽厚地对待母亲的责怪和不满，也得到了母亲回馈给他的更深的爱。父亲的人格魅力影响着我，让我懂得要真诚、宽厚地对待身边的每一个人，坦然面对失败和痛苦。生活，正是在这种坦然、与世无争的态度中，变得更加美好。

我的母亲和一般的农民不一样，她没有深厚的土地情结，而是一心想要跳出农村的土地，翱翔在更广阔的天空中。她没能实现这个梦想，就把这个梦想寄托在了我的身上。在我很小的时候，大脑里就好像被植入了一个操作系统，这个操作系统是徐霞客。因为徐霞客也是江阴人，所以，在江阴流传着很多关于徐霞客的故事。最开始是听母亲讲徐霞客，母亲让我以徐霞客为榜样，好好学习，长本事，将来走出农村，光宗耀祖。后来是听村里的老人讲徐霞客，他们不讲徐霞客是地理学家、地质学家，他们一讲就是："哎哟，徐霞客每次出去，总能带几个美女回来。"我一听，就很开心："嗯，原来走出去就能带美女回来。"听了徐霞客的故事，我经常看着天上的云，看着长江的水，幻想着外面世界的样子。然后就会想：什么时候我也能够出去，也带几个美女回来呢？慢慢地，这个想法就扎根在我的脑海中了。人是被大脑里的操作系统指挥着往前走的，就这样，我逐渐养成了一种心态。这种心态后来被我称为"穿越地平线，走向远方的渴望"。这是一种内心对未来的渴望，渴望自己的生命不断地向前延伸，这种渴望落实到行动上，就是看书学习，这是我能走出去的唯一一条路。

每天晚上，我都会和姐姐坐在煤油灯下看书、写作业，母亲在一旁纺纱。因为有动力，所以我在学习上一直比较自觉。我的记忆能力很强，因此从小到大，语文成绩一直都很好，但数学成绩很一般，在班级里也没有得过太好的名次，但是因为我一直在努力学，母亲也不骂我，而且，她基本上不认识字，所以也不知道我的成绩到底是好还是坏。

我小时候非常爱护书，每本书都用报纸包起来，包得特别漂亮。期末考试结束后，我的书还跟新的一样。小学三年级的时候，我特别喜欢看书和连环画。当时，我有很多小人书，有的是自己买的，有的是跟小朋友交换的。我向母亲要钱买小人书，即使家里没钱，母亲也从来没有拦着不让我买，她非常支持我读书。再大一点后，我开始去公社和大学图书馆借书看，那时我开始看长篇小说，看了很多。记得有一次，我姐姐不知道从哪里借了一本《林海雪原》，我偷偷看完了，结果被她骂了一顿。当时姐姐读高二，我读初二，她认为《林海雪原》里面有恋爱故事，小孩子不应该去读。

我读高中的时候，很多书就已经开放阅读了，可以随便借阅，那时我读完了《三国演义》《水浒传》和《红楼梦》。我特别喜欢看小说，不管什么小说，拿过来就能读进去。我读书还有一个习惯，就是拿起来就放不下，有时边吃饭边看。母亲一直非常支持我看书和学习，但是有时看见我边吃饭边看书，急了就会把书扔到地上。因为这样吃饭的速度太慢，这在农村父母的眼里是一种特别懒散的坏习惯。

母爱为我撑起一片艳阳天

母亲对我最重要的帮助有两次。一次是我初中毕业以后，帮我争取到读高中的机会。我读初中时成绩还可以，老师也很喜欢我。当时，初中的学制只有两年，初中毕业时，我属于班级里学习成绩比较好的学生，本来是能读高中的，但当时有项政策，贫下中农的子女，一家只能有一个人上高中。我姐读了高中，我就不能再读了。当时我在家里也不是完全闲着，没事我就画画，画得还挺好的。待了差不多一年的时间，母亲看我特别郁闷，也觉得很难过，她本来是希望我能读完高中，能当一个民办老师的。她几次跑去跟公社的领导求情，希望能给我一个上学的机会，但都没有成功。

1976年，"四人帮"被粉碎了。第二年的5月，我们隔壁村的一个女孩不愿意上高中，就退学回家了。听说这件事后，母亲觉得这是一个机会，就马上去公社找领导，然后又去高中校长家里争取。母亲对校长说："我儿子学习挺不错的，你们能不能让他来上高中？"校长说："学校不能增加名额。"我母亲马上说："不是有个女孩子走了吗？求你让我儿子填补那个女孩的空缺吧。"我母亲花了很大力气，后来学校终于答应了。

由于在家耽误了将近一年的时间，在我进入高中时，高一马上就结束了，而当时高中一共就两年，所以，我实际上只读了一年高中。进入高中后，我的成绩一直落在班里其他同学的后面。读了一年后，老师要求大家全部参加高考，因为我本身很喜欢学习，所以尽管只读了一年高中也很想试试身手，就和大家一起报名参加高考。

当时，即便要参加高考，我每天要干的农活还是一样都不能少，比如我放学回家后，要去外面割草。当时农村的家庭一般都会养两头猪，个别人家还会养一两只羊。猪和羊吃的东西是长在田埂上的，而且猪有猪喜欢吃的草，羊有羊喜欢吃的草。每天晚上我放学回家，都要割两篮子草，一篮子给猪吃，一篮子给羊吃。到了夏天，还要割更多的草，回到家里把草晒干，然后一捆一捆地扎起来，等冬天没有新鲜草的时候，再给猪和羊吃。

第一次高考我没考上，但我还是非常感谢母亲对我的帮助，是母亲让我有机会重新回到学校，如果仅靠我自己，不可能再有机会读高中，更不用说考大学了。第一年高考没考上，我当了一名英语代课老师。

那一年我16岁，高考英语才33分，虽然我的英语水平不高，但是学生很喜欢我。从学生那里，我获得了信心，决定第二年继续参加高考，结果我又落榜了。

母亲对我的第二次重要的帮助是高考。我连续两年没考上大学，却越战越勇，到了第三年的时候，我还想考。母亲对我说：

"你可以考，但是自学肯定是有难度的，成绩很难提高，你应该走一条新路。"没过几天，我们县里刚好办了一个高考补习班，要招40名学生，但我的测试总分排在40名之外，没有资格进去。母亲知道这个结果后，二话没说就进城了。因为听说补习班有一位曹老师，前一年他培养的一个学生考上了北京大学，也不知道母亲通过什么办法，竟然找到了他。

当时曹老师有个儿子，刚刚一岁，但夫妻二人工作都忙，曹老师的妻子身体又弱，没有足够的奶水给孩子吃。我母亲见孩子长得又瘦又黄，就自告奋勇地提出要帮助曹老师带孩子。她说，农村的米、菜和鸡蛋都新鲜，不愁孩子吃了长不胖。母亲让曹老师放心，她一定能把这个孩子带好。曹老师很感动，于是收下了我。当天，母亲兴冲冲地从城里回家时，刚好赶上大暴雨，一路上，母亲好几次摔进路旁的水沟里。我在家里焦急地等着母亲，当看到母亲像个泥人一样站在我面前时，我立刻明白，我只有一条路了，那就是拼命学习。一年之后，我终于考入了北京大学。

收到北大的录取通知书之后，母亲很高兴，把家里的两头猪都杀了，请了三个厨师，宴请全村的亲戚、朋友和老师。宴席分中午和晚上两拨进行，这一请，让全村人足足吃了两天。

母亲一心想要报答曹老师对我的培养，帮曹老师带了三年的孩子。三年后把孩子送回去时，孩子又白又胖，曹老师和他爱人都非常感谢我母亲。现在曹老师跟我的关系还特别好，跟我母亲的关系也特别好。

孝敬，是以敬为先

自从新东方在美国上市以来，我被问到最多的一个问题是：
"对你影响最大的人是谁？"我说："是我的母亲。"因为，没有
母亲就没有我，也没有我的今天。我做事的风格和对待困难的态度
都是从母亲那里学来的，我非常尊敬我的母亲。

早在20世纪80年代，我母亲就已经是我们公社远近闻名的"万
元户"了。当时，很多农村人赚到大钱之后就忙着盖房子、买车，
改善生活条件。但我母亲却不这么认为，有了钱之后，她就想着给
乡里修路、修桥、办学校，让更多的孩子上学。她说，自己因为
没读过书，吃了很大的亏，不管怎样，都要让后代读书，当个文
化人。

创办新东方以后，我在经济上变得宽裕了，就把母亲接到了
北京。而母亲却闲不住，经常到新东方来转转。当时，新东方的办
学条件很差，夏天时，教室里没有空调，学生们听课时都汗流浃背
的。母亲看到这个情景，没跟任何人打招呼，就去了冷冻厂，用卡

车拉回很多大冰块，放到教室里给学生们降温。后来，她发现学生们中午吃饭有困难，就在学校旁边办起了餐馆和日用品小卖部。这下，母亲的特长又得到了发挥。不久，学校住宿班的食堂、学校教材印刷、教师录音磁带采购等业务都被母亲接管了，而且她把每件事都安排得井井有条。

王强成为新东方的CEO以后，为了支持他的工作，我很豪爽地对他说："你当CEO，想炒谁就炒谁！"没想到，王强的第一反应竟然是："包括你妈吗？"我当时还嘴硬，说："当然包括！"可我刚回到办公室就觉得不对劲，又立刻跑到王强的办公室，对他说："王强，你炒谁都行，只是希望你对我妈手下留情。"我清楚地记得，王强当时看我的眼神，既有无奈，又有不满……

其实，我也很矛盾。我知道，从管理的角度，我不应该说这样的话，可人就是这样的，首先是一个有情感的人，其次才是理性的人。我爱我的母亲，是出于一种本能的情感，我希望我的母亲快乐，即使为了母亲的快乐去低头求人，我也在所不惜！尽管那时我已经懂得现代企业的管理方法，但我怕母亲"下岗"后会难过，她忙碌了一辈子，停下来就会不舒服。虽然可以哄她说，不让她工作是为了让她享清福，可谁都知道，这背后的意思是在宣告她真的老了，要彻底回归家庭了，这种失落感对母亲来说，打击是巨大的。作为儿子，我希望尽量延长母亲的成就感，让她尽量多地体会自己的价值。因此，我宁可让大家指责我不理性、留恋家族小作坊式的企业，也不想对母亲有半点伤害。

中国是礼仪之邦，几千年来，一直强调"孝敬"二字，可我认为孝敬应该以敬为先，没有敬，孝就会打折扣。正因为我对母亲有着深深的敬，所以，我对母亲的孝才如此深厚、强烈，以至于连企业的管理规则都被我放在了第二位。

下篇
我与孩子

　　孩子的生命应该有诗意、雅致的部分，他们应该有懂得欣赏一切美好的能力。但是，现在国内的孩子很少有诗意的心情和雅致的生活，因为我们的教育过于急功近利，不给孩子留有诗意和雅致的成长空间，这一课，父母应该给孩子补上。

与时俱进的家庭教育

我有两个孩子，老大是女儿，现在正在上中学；老二是儿子，现在正在上小学。说心里话，我很想把自己的优点带给我的孩子，但他们在国外读书，不在我身边，我感到鞭长莫及。另外，国外的环境与国内不同，生活方式也不一样，所以，想用当年父母教育我的方法去教育我的孩子，确实不容易做到。

比如，在我小时候，看到母亲吃苦，一心想把我带向幸福的生活，我心里很感动。所以，母亲说什么我都照办。可我的孩子就不一样了，他们一直在国外，生活条件比我小时候优越很多，所以，那些热爱劳动、认真学习、懂得为自己的前途努力奋斗的优良观念，很难被他们接受。另外，他们的状态也跟家庭环境有关，如今他们的家庭环境比我小时候不知要好多少倍，父母不论怎么隐瞒，怎么告诉孩子要靠自己努力，他们还是会发现自己家的生活条件比较优越，所以，很难激发他们的斗志。不仅我有这样的困惑，我周围很多事业有成的朋友也都在为此担忧。

对此，我一直在思考，也最终意识到，我们的教育方式应该有所改变，但究竟怎么改，我跟我太太商定了两个原则：第一，不能把孩子当作宠物来养。培养孩子的最终目的是让他们融入社会，有一技之长，能为社会服务，同时，用这种服务换回养活自己的物质基础，这也是我们教育孩子的基本目标。如果孩子长大了，走进社会，发现他们既没有与人交往的能力，又没有生活的能力，那是为人父母者最大的失职。所以，我一直在有意识地要求我的孩子学会与人合作，懂得分享，要有独立生活的能力，比如，学会整理自己的房间，吃完饭应该洗碗，学会用洗衣机洗衣服等。第二，要培养孩子的精神气质和积极向上的人生态度。俗话说，"读万卷书不如行万里路，行万里路不如阅人无数，阅人无数不如名师开悟"。我经常带孩子旅游，让孩子感受这个世界的广阔与多彩，鼓励他们广交朋友，尽量与优秀的人为伴，引发他们的进取心和独立思考的能力。

坚信的力量

基因造就个性，个性成就命运。

从遗传学的角度来讲，孩子从出生起就各不相同，长相各异，性格有别。比如，我女儿比较内向、性子很慢，而我儿子比较外向、性子很急。我知道这不是我能教得出来的，所以，我从没要求快的慢下来，慢的快起来，我知道要求也是没用的，顺其自然就好了。另外，孩子在智商上也有区别，我女儿语言发育比较早，一岁时就会说话了，中英文都能讲；而我儿子四岁时，他讲的话我一句也听不懂。我太太开始还不着急，但儿子三岁半以后，她就开始着急了，对我说："这个孩子发育有点晚。"

我仔细观察了儿子的行为和反应，好像是有一点不一样，因为他说什么我都听不懂，我太太能听懂一点，那是因为他们两个人总在一起交流。养个小猫、小狗，在一起四年，也是可以交流的，所以我也有一些担心。儿子四岁时，我太太实在是着急了，说要带儿子去医院看看。我说："千万不要带儿子到医院去。我们一旦带他去医院，就等于向他表明爸爸妈妈认为他有问题，这会给他贴上一个'他有病'的标签，会给孩子带来心理负担。"

我劝我太太说："不要急，历史上很多伟人的经历证明，小时候不会说话的孩子，将来能做大事情。"我太太说："你给我弄个证据看看。"我就说："朱元璋七岁才会讲话，后来他做了皇帝。国外也有例子，爱因斯坦五岁才会讲话，他成了全世界最伟大的科学家。咱儿子四岁不会讲话，说明他将来至少能当一个县长；如果五岁还不会讲话，将来可能是市长；如果六岁还不会讲话，很可能是省长。你有什么好着急的？"我太太说："要是七岁还不会讲话怎么办？""当中央领导。"我对太太说，"咱儿子是块宝啊！如果进小学的时候，学校不收，我们就自己教，爱迪生不就是学校不收他吗？当时全世界只有一个人对他有信心，那就是他的母亲。校长让她把爱迪生带回去，她就把他带回家了，然后自己教。结果，爱迪生成了世界上顶尖的科学家。就这么简单！如果我们做父母的都不相信孩子，那么谁还能相信呢？所以，不管他会不会讲话，你要坚信你的儿子是个天才，是个不会讲话的天才，别的不要想。"结果，现在我的儿子八岁了，尽管他讲的有些话我还是听不懂，但已经讲得非常好了。让他自然成长很重要，纠正多了，他就会有心理障碍。正因为我和我太太都不去纠正他，他从来没有意识到自己曾经有语言障碍。

帮儿子养成好习惯

《三字经》里的第二句话就是"性相近，习相远"。"性"就是天生的个性，每个人都是相近的。"习相远"的"习"，包括两层含义，一层是行为习惯，另一层是学习。这两点的不同就是每个孩子有所区别的根源。

虽然我对儿子的语言表达能力不在意，但对他的行为习惯，我却从不放松。

因为我平时工作太忙，两个孩子都是我太太带大的。我太太对待孩子原则性不太强，所以我们的两个孩子做事的原则性也不是很强。比如，我在家的时候，会监督两个孩子睡觉前要刷牙，而我不在家时，我太太就经常顺着孩子的意思。我女儿比较自觉，每天刷完牙才睡觉，但我儿子比较调皮，如果没人监督，他就不刷牙。我太太看得不紧，发现儿子没刷牙后也不坚持，她总是心疼孩子，觉得孩子困了，或者已经躺下了，一次不刷就算了。如果我在家，就会坚持让儿子刷完牙再去睡，如果发现他没刷牙，就算躺到床上，我也会把他拉起来，让他刷完牙再睡。因为我小时候，如果哪天早上起来不扫地，我母亲就不让我去上学，我必须要把地扫干净了才能去学校。直到现在，我打扫卫生的水平也挺高。所以说，孩子的好习惯是要父母帮助养成的。

我儿子小时候特别喜欢吃冰激凌，甚至一度到了酷爱的程度。为了帮他改掉这个坏习惯，我给儿子规定，每天只能吃一个冰激凌，而且只能晚饭后半小时吃。刚开始的时候，他忍不住。定好规矩的当天，刚吃完晚饭，儿子就不断地看墙上的挂钟，然后不停地跟我说："爸爸，钟坏了。""爸爸，钟不走了。"我说："再等等看，会走的。"半个小时之内，儿子问了我十几次"还没到时间吗？"看儿子焦急的样子，也是蛮可怜的，但我还是忍住了，坚决不让步，一定要等到半小时以后才能吃。第二天，儿子看钟的次数有所下降。第三天，看钟的次数更少了。时间久了，小孩子发现，在这个问题上爸爸是不会妥协的，他自然而然就不把太多的精力放在冰激凌上了。现在，儿子对冰激凌已经不那么热衷了，这就是我坚持的结果。

快乐是快乐之母

我女儿从小学钢琴，七岁时便获得了"温哥华少儿钢琴比赛"第一名。八岁时就考了钢琴十级。在加拿大，十级是钢琴的最高级。当时，我太太以为家里就要出一个钢琴家了，于是，她开始给女儿加量。本来是每星期学习一个半小时的钢琴，增加到每星期五个小时。这使女儿一下子热情骤减，纠结了不到一年，她就跟我说："老爸，我不学了，我对钢琴没有兴趣了。"我看着女儿，心想，这可怎么办呢？我对女儿说："没有兴趣就不学了，不论你学不学钢琴，老爸都知道你曾经是'温哥华少儿钢琴比赛'的第一名。弹不弹钢琴你自己决定，这是老爸对你的一贯原则。"女儿很高兴地离开了，但是我太太不乐意，她坚持让女儿继续学下去。后来我和太太商量，在这个时期，让孩子停顿一段时间，帮助她安静下来，调整好情绪。因为在我看来，如果孩子没有兴趣，我们仍逼迫她继续学习，就会使她产生逆反心理。

一周后，我和女儿一起去听了一场音乐会。音乐会过后，我对女儿说："宝贝，你看，你钢琴弹得这么好，如果不继续弹下去挺可惜的。你以前学了那么多年，吃了那么多苦，说丢掉就丢掉了，我为你的那些付出感到惋惜。以后你上高中、上大学，有同学聚会的时候，如果有同学唱歌，你要是能弹钢琴给他们伴奏，大家会觉得你很厉害的，是不是？还有，我当时让你学琴，是希望你将来能多一个伙伴，你知道吗？长大后，我们每个人都会有很孤单的时候，如果那时我和妈妈都不在你身边，能有一架钢琴陪伴你，你就不会感觉到孤单了，因为你能倾诉。我也经常有孤单的时候，但是我没有发泄情绪的渠道。有时，我特别希望自己能像你一样会一种乐器，那样我就可以把心中的苦闷、孤独弹出来或吹出来，那样我就会快乐很多。但是我不会，也没时间去学。所以，我不希望你将来像我这样，不希望你这么轻易就放弃钢琴，但是，我不会强迫你弹钢琴。"

后来，我发现，当我们不强迫女儿弹钢琴后，她反而自己去练琴了。有时写作业写累了，就去弹15分钟左右的钢琴，然后继续写作业，写累了就再弹。这样一来，一个星期也能弹两三个小时。现在，她弹钢琴依然非常流畅，而且也开始对其他乐器感兴趣了。半年前的一天，她说她想学打鼓，我说："好啊，买一套拉回家来练吧。"结果，练了一段时间后，她加入了温哥华青年交响乐队，在乐队里做鼓手。自信是一点点培养出来的，现在，她和同学们谈起音乐时，不仅有热情，而且很满意自己在音乐上的表现。孩子就是这样，感到快乐会让他们去追求更多的快乐。

三年前，我带她看了一场迪士尼冰上舞蹈，表演者都是前花样滑冰世界冠军，他们都穿着迪士尼服装表演。女儿从小就喜欢去迪士尼，看完之后很兴奋，对我说："我想成为冰上舞蹈冠军。"我心想，这怎么可能呢？那些冠军都是从六七岁开始学的，现在她已经11岁了。但我说："好啊，你去学吧。"

在国外，有很多滑冰场，收费也很便宜，一次大约两三美元。我太太给女儿请了一个教练教她学冰上舞蹈。因为她很喜欢，所以很努力，也很用功。平时，她每天八点都不起床，开始学冰上舞蹈后，六点就去溜冰场练习了。她的动作很优美，教练对她的进步非常满意。可是，有一次，她跳起来做空中旋转360度的动作，落地时一不小心把脚给扭伤了，滑冰的梦想就此破灭了。后来，她不断发现新的梦想。现在，她又喜欢上了单板滑雪。这是一项对身体协调性和勇敢精神要求很高的运动，但她很愿意去练。我知道，只要热爱，就会有源源不断的动力。上周，她告诉我，今年夏天，她要去新西兰参加单板滑雪的比赛。看到女儿对生活的热情日益高涨，我对她的成长也充满了期待。

美好的心境，美好的生活

　　父母要培养孩子有个美好的心境。我一直觉得，对于孩子来说，书本学习只是学习的一部分，培养他们美好的心境更重要。什么是美好的心境呢？就是热爱生命、热爱大自然的一种情绪状态。我们有多少家长曾经晚上带孩子出去看过星星呢？应该不多。前不久，我在网上看到一则新闻：某省的中考作文题目是"满天的繁星告诉我们什么？"有一个学生只写了一句话："请问老师，星星在哪里？"孩子能不知道星星在哪里吗？答案是肯定的。但是，孩子确实没有亲眼看见过。

　　有一次，我带着儿子和女儿去古巴的海边。当时正好是阴历十五的晚上，月亮从海上慢慢升起来，我们全家就坐在海边的沙滩上看月亮一点点升起，海浪推着月光一直在我们身边浮动，有一种"海上明月共潮生"的感觉，非常美。我们大概看了一个半小时，天气慢慢变凉了。我对两个孩子说："有点凉了，咱们回去吧。"我女儿说："我不想回去，我要看月亮升到我头顶上。"就这样我陪她坐了三个小时。女儿从来没有这样一动不动地坐这么久，我知道，这种美景对她的心灵是有触动的。在回去的路上，女儿对我说："我发现世界是一体的。"我问她这话是什么意思。她说："你没发现吗？大海、月亮和人并没有分开。"女儿的话让我感到，那一晚是有收获的，她对自然有了新的体验和发现。

现在，在我的培养下，女儿特别喜欢大自然。大自然的景色使她的胸怀更博大，增加了她对世界、对生命的热爱。我觉得，在孩子的一生中，客观环境会不断变化，他们能够改变的很有限，只有心境始终属于他们自己。父母帮孩子构建一个美好的心境，有助于他们超脱世俗的困扰和羁绊，达到一种更高的生命境界，使生活变得雅致、丰盈。

孩子的生命应该有诗意、雅致的部分，他们应该有懂得欣赏一切美好的能力。但是，现在大多数孩子很少有诗意的心情和雅致的生活，因为我们的教育过于急功近利，没有给诗意和雅致的成长空间，这一课，父母应该给孩子补上。

其实，"美好"二字在孩子的生活中密不可分，当孩子的心灵充满诗意，处于一种对自然持久热爱的情绪状态时，他们的生活一定是美好的。

成长，比成功更重要

　　女儿每年回国时，我都会带她去一些贫困地区或少数民族地区走一走。前年，我带她去了青海，去年，我带她去了云南，让她看看贫困地区的孩子是怎样生活的。刚开始，我女儿在农村不敢去厕所，因为有些地区的厕所是建在外面的，上面架两块木板，非常简陋。我们是在夏天去的，天气很热，厕所里的木板下面有成千上万条虫子在蠕动。过去她只见过家里和宾馆里的厕所，所以面对这样的厕所，她既不习惯，又很害怕，但两三个月过后，她也就习惯了。所以说，很多东西是可以练出来的。

　　今年夏天回国，她独自加入了一个国外支援中国贫困地区农村教学的团队。她把自己穿小了的衣服都整理出来，带过去分给了她教的学生们穿。对此我感到很欣慰，因为我就是要培养女儿对生活的热爱和对他人的友爱之心。

　　孩子有两样东西不能少。一是对生命的热爱。不管学业情况怎么样，哪怕没有读大学，只是读中专，对生命和生活都要充满热爱之情。二是与人合作、与人分享的能力。人是群居动物，相互之间需要给予温暖，这是一种能力，也是一种责任，要让孩子有意识地承担。

前不久，女儿所在的学校举办了一个领导力培养训练营，只招15个人。结果，全校有100多人报名，要考试、填表，还要自己写文章，最后还要面试。女儿回家跟我说她报名了，准备参加。我和我太太都很吃惊，因为女儿一直很内向，不爱在众人面前讲话。但我和我太太都点头表示："好，我们支持你！"可我们心中却为她捏了一把汗。没想到，我女儿居然通过了面试。当时，主考官问她："你原来有领导力的经验吗？你为什么要参加这个领导力培养的训练营呢？"女儿说："是这样的，我知道我没有领导力经验，但我爸爸是一个特别有领导力的人，他是我崇拜的对象，我要向我爸爸学习，将来做我爸爸那样的人。就因为我现在没有领导力，所以才希望进入这个领导力培养训练营，既为大家服务，也领导大家。"她的话把考官逗笑了，第三天结果公布了，一共录取15个人，她居然榜上有名。我对女儿的进步感到很欣慰，因为她从小是一个性格内向、不爱说话的孩子。现在，她能有这样的表现，说明她在成长，且充满自信，富有理想。

记得一位美国教授曾经对我说："你们中国的孩子活得太累。在他们的人生中，只有两个词——一个是'成功'，一个是'拼搏'。"他还很奇怪地问我："你们不给孩子快乐，却口口声声说希望孩子幸福，这可能吗？"我们确实对成功过于着迷了，但我很清楚，对这一代的孩子来说，他们的成功一定是建立在快乐的基础上的。不然，在世界经济、文化交流一体化的未来，竞争越发激烈，没有快乐做基础，他们是走不远的。

作为父亲，我对两个孩子的教育目标有两个，首先是通过快乐的生活体验培养他们积极向上的心态，然后是积极帮助他们成长。我认为，成长比成功更重要。我希望孩子的学习成绩好，希望引导孩子充分发挥潜能，快乐地生活，做最好的自己。我不止一次对我的孩子说："你可以不成功，但不能不成长。"

Chapter 2
积极家庭教育的受益者和践行者

徐小平

　　家庭教育的最高境界就是让孩子的心灵深处感到幸福，父母要尊重孩子的心理感受和认知能力，这是很多父母经常忽略的一点。

　　母亲从来没有对我提出过什么特殊的要求，或逼迫我做什么。这给了我充分的可以自由选择的空间，直到今天，我都认为可以自由选择是一个人快乐幸福的人生基础。

我是积极教育的受益者

提到"家庭教育",我首先想到的就是积极、乐观、鼓励的教育方式,而不是控制、强迫、压制的教育。这两种教育方式有本质的区别:前者是积极的教育,基于对孩子的信任,相信孩子会思考、有目标、有理想;后者则是消极的教育,因为不相信孩子,所以就会为孩子设置目标,制订计划,强行要求孩子去做。这两种教育的结果是不同的:受前者教育长大的孩子心态开放、积极、明朗,而受后者教育长大的孩子,心态多半是防备的、紧张的、消极的,甚至是逃避的。

我本人是积极教育的受益者。记得读书时,我不喜欢上体育课,因为我跑步不如同学快,每次体育考试后我都很沮丧,可我母亲却说:"你跑得不快还能坚持去跑,说明你很勇敢,勇敢的人将来是可以做大事的。"每次听到母亲的鼓励,我都力量倍增,感觉眼前霞光万道。

我至今都很感激我的母亲，是她积极的引导和乐观的人生态度，像一道温暖的光，陪伴我度过了童年和少年时光，为我最初的生命染上一层明亮的色彩。

母亲为我播种希望

1966年我还不满10岁，是个顽皮好动、对一切充满好奇的孩子。以我少年时代的操行，如果遇到一位性格暴躁的母亲，我可能会被暴打或关禁闭无数次。但我温和而乐观的母亲，却很少责备、训斥我。印象最深的就是母亲经常在家里一边忙前忙后，一边十分自豪地看着我说："我家小平将来是要上大学的。"说这话时，她美丽的脸上泛着安详和幸福的光芒，好像那个懵懂而多动的我，已经接到了北京大学的录取通知书一样。

母亲具有一种非常积极、乐观、明朗的性格。她对我的教育方式很特别，她不直接要求我应该干什么。她对我的种种期待和要求，都是从她对我的各种鼓励、夸奖，以及在向亲朋好友赞美、夸耀我的话语中说出来的。母亲也从不打骂我。记得有一次期末考试，我和邻居家男孩同样成绩不佳，两个母亲开完家长会回来，邻居家男孩的母亲没进家门就开始大骂她的孩子，而我的母亲却把我的成绩通知单递到我眼前，轻轻地摸了一下我的头，说："收起来吧，以后你把所有的通知单都留好，用这次的打底，一年一年往上摞，你的成绩也会一年比一年高。"

"真的吗？"我抬头看着母亲，不敢相信她的话。"只要相信，你就能做到，因为你很聪明。你能做好一切你想做的事。"说完，母亲走进厨房，随即又转过头叮嘱我，"别忘了，你将来是要上大学的！"

10岁的孩子，还不懂上大学是怎么回事，但在母亲笑吟吟的话语中，我朦胧地感觉到了一种神圣、一种召唤、一种牵引，那不是压力，而是一种把我与某种"不平凡"连在一起的感觉。当时我并不知道在大学里面要干什么，只觉得上大学很重要、很光荣，大学像是每一个有出息的孩子必须要去的地方。

在从10岁到20岁的十年里，我有过不快，有过失败，可母亲一直用"你将来是要上大学的"这句话使我解脱和自省。十年间，我不自觉地和这句话连接在一起。在恢复高考时，我已经跟"上大学"分不开了。于是，我自然而然地朝"上大学"这个方向狂奔。

当时我因为数学成绩不好，害怕考不上重点大学，母亲就说："那就考你喜欢的音乐吧。"要知道当时很多家长是不希望自己的孩子考艺术院校的，他们认为那不是正业，与考理工科孩子的父母相比，他们会觉得有些脸面无光，但我母亲与这些人不一样，这也给了我极大的鼓励。

母亲从来没有对我提出过任何特别的要求，或逼迫我做什么。这给了我充分的可以自由选择的空间，直到今天，我都认为可以自由选择是一个人快乐幸福的人生基础。正因为如此，我也从没逼迫过我的儿子。

下篇
我与孩子

　　为了获得更好的发展，我从小就教育儿子：
"第一，要找到自己为王的空间，能摆脱羚羊的命
运。第二，出门在外，不要惹事，有事别怕事。如果
真的要打架，一定要争取打赢；如果体力不够，就用
智慧；如果不能完胜，哪怕是双赢，也要赢。"

陪伴孩子成长

我有两个儿子，都是在加拿大出生、长大的，他们现在都在美国上大学。大儿子学习成绩非常好，性格像他妈妈，内向而敏感。小儿子学习不太好，性格很像我——积极、乐观、开朗。小儿子数学成绩一直不好，但我从没批评过他，因为我还记得我的母亲当初是怎么教育我的。

我读书时数学成绩一直不太好，不是我不想学，而是我真的算不过来。上学的时候，我常常面对一道难题冥思苦想一两个小时，最后的结果仍然是题是题、我是我……无论怎么努力就是融不进去，很痛苦，很受折磨，后来干脆就放弃了。至今，我仍然没有忘记那种纠结，所以，我不想逼迫我的儿子必须把数学成绩提升到90分以上，我认为只要他尽力了，就可以了。问题是当时我小儿子写作也不怎么样，运动、美术都没展现出什么天赋。尽管这样，我还是一直夸奖他是个天才。我知道孩子的生命能量是弱小的，如果连父母都不鼓励自己的孩子，我们还能指望谁给他安全感和前进的动力呢？我认为，家庭教育的最高境界就是让孩子的心灵深处感到幸福，父母要尊重孩子的心理感受和认知能力，这是很多父母经常忽略的一点。父母们通常以外在的标准要求孩子，结果孩子常常达不到这些要求，因此受到批评、指责，结果这些要求就变成了一把把扼杀孩子幸福的刺刀。

尽管作为一个"俗人"，我也会希望儿子考全A，也会希望儿子"全能"，但我知道这是不现实的。当我意识到这一点时，我就尽量做到一件事——那就是抓住孩子生命中任何时刻表露出来的那一点点、一丝丝的能力和兴趣，让它们得到淋漓尽致的发挥，把这些能力和兴趣变成一种素质。

小儿子因为学习成绩不太好，有一段时间非常缺乏自信，整日情绪不佳，甚至走路也低着头。但到了十年级的时候，他突然爆发出一种热情，来势之迅猛，让我十分震惊——那就是他爱上了音乐、爱上了街舞。他的表演充满热情，把大家都震撼住了，连过去从不关注他的女生，也频频向他报以青睐和赞美。

我发现音乐和舞蹈给他带来了巨大的自信，也让他的举手投足更加帅气了。看着小儿子全身心地投入舞蹈，我骄傲地对我太太说："小儿子真是个天才，只不过还没有完全表现出来。"我太太哈哈大笑，她被我这种信念征服了。我说："你不要笑，我在哈佛大学见过加德纳教授，专门与他讨论过小儿子的问题，加德纳教授提出人类共有8种智能，他说我们的小儿子一定属于运动智能和音乐智能比较发达的孩子。"所以，我坚决支持他跳舞，给他找最好的老师，并风雨无阻地送他去上舞蹈课。

但我是学艺术出身的，凭借我对舞蹈的理解，我知道小儿子成不了优秀的舞蹈家，因为他跳舞时激情有余，但韵味不足，而韵味是舞蹈的灵魂。可是他喜欢，我就要鼓励他，鼓励他释放自己的天性并维持自己的兴趣，这样他才会自信。我坚信只要他相信自己，总有一天他能够找到自己的人生归宿。

　　一天，我从外面回到家里，看见小儿子正对着镜子练舞，我就认真地对他说："你既会跳舞，又懂音乐，还有个人魅力，将来一定会很幸福。即便你将来上不了大学，还可以去做舞蹈俱乐部的经理，艺术领域的表演者、管理者，不论你做什么，只要你热爱，就会生活得很快乐！"小儿子笑着向我舞过来，随着音乐的节奏，轻拍了一下我的肩："那我要感谢你这个伯乐老爸呀！"说完又随着音乐节奏，旋转着回到了他的舞蹈世界。

　　那段时间，他通过舞蹈找到了自我存在的价值，找到了他未来和那些数学天才、生物天才、文学天才站在一起的勇气，找到了他得以在这些人中间安身立命的根基。每个孩子都是不一样的，每个孩子都是独特的，这是儿童教育的普通理论。我用我育儿的哲学思维实践着这个真理，并且在我儿子身上找到了他的独特性，也找到了他在这个世界上的立足点。这不就是做父母的感到最幸福的事吗？

359行，行行有状元

因为历史的原因，我的两个儿子一直在加拿大读书，上初中后我接他们回国学了两年中文，之后他们还是希望回加拿大，在那里继续读书。我尊重孩子的选择，放弃了让他们在国内的国际学校读完高中的计划。

回到加拿大，我陪小儿子去办理入学手续，在选修课程表里，小儿子选择了烹饪班。尽管选修课很多，从打球到滑雪、摄影、高尔夫，到"教你如何约会"等，应有尽有，而他偏偏选择了烹饪课。他问我："爸爸，我想上这个班，可以吗？"

他问我的那一瞬间，我很吃惊。这个13岁的天才少年，居然看中了烹饪班，并希望我同意他报名学烹饪，这着实令我意外！当时，我身上中国爸爸的"传统"心态立即激发，不过，我庆幸自己并没有直接反驳他的这个选择，而是惊诧地问他："你要做厨师？"

小儿子很不解地望着我："怎么了？难道你不喜欢我学这个

吗？我喜欢做厨师呢！"

这个13岁的少年，看着我，睁大他那天空般清澈的眼睛，充满了疑惑和不解，他仰着头，等待我解释反对他报这个班的理由。

突然间，我失语了。我觉得他对烹饪的兴趣是发自内心的。虽然我们家里有保姆，从来不让他做饭，但他一直对做饭很感兴趣。记得有一次在家里，我和他半夜三更做夜宵——我把饭直接塞进微波炉里。"等一下"，他说完便端走饭盒，用一把勺子把饭团打碎，又说，"这样受热才均匀。"还有一次，因为保姆放假，他居然一个人给我们做了六菜一汤，看着色香味俱全的一桌中餐，我哈哈大笑，那一刻我觉得他天生就是一个厨师。可此时，真的面对他要让我掏钱真金白银地培养他做厨师时，我呆住了。

面对小儿子的提问，我什么也没说。不是我不肯实话实说，而是我确实无话可说。因为，我知道我有些不快的心绪根本无法说出来，尤其不能说给在加拿大出生和长大的他，他不能理解爸爸背后那些根深蒂固的落后的价值观。

好在我是一个从善如流的人，一旦发现了自己的问题所在，就会立即改正，哪怕是面对自己的儿子。于是我立马改换了一种语调，假装热情地劝他说："我没有不喜欢你上烹饪班，只是一下子没有反应过来。你当然可以做你感兴趣的事，我一向支持你发展你的爱好，走，我们去报名！"

回到家，我没有和儿子再谈论这个问题，天真贪玩的他，早就把这件事抛到天边去了。但我却一直在思考，思考我在这个问题上情绪变化所折射出的我的价值观。我本能的反应让我重新审视两个问题：第一是如何对待孩子流露的天性；第二是如何看待厨师职业。父母挖掘或扼杀子女的兴趣爱好，说到底都是从家长的立场出发的，幼小的孩子无法决定。如何对待孩子的这种天性，是父母巨大的责任。

小儿子说他喜欢烹饪，这反映了他的一种爱好，是他天性深处成长起来的一株未来人生大树的幼苗，我绝对不应该破坏这个刚刚从他心头冒尖的嫩芽。好奇心是人类最伟大的学习动力，只要不是恶习，都应该鼓励。儿子有了对烹饪的爱好，发展下去，即使他将来不以厨师为职业，但有这个爱好陪伴他，毫无疑问是非常有用的，能够大大丰富他的生活情趣，提高他的生活品质。往小处说，朋友来家里做客，他能够拿出一手超越方便面和煮鸡蛋的好菜；往大处说，可以提高他的生活质量，增强他在朋友们中受欢迎程度，如果遇到一个爱吃美食但却不喜欢做饭的女孩子，说不定还会因此而爱上他，并在心里窃喜：嫁给他，从此可以不用做饭了！

想到这儿，我开始责怪自己："怎么能反对儿子发展这么美好的兴趣呢？真是岂有此理！"

可是，儿子将来真的做了职业厨师，我还会喜欢吗？想来想去，我也看不到任何不为他自豪的理由。事实上，仔细把这个前景往前推想，我还真越想越激动。

我想：儿子个性活泼，喜欢时尚，朋友很多，13岁就知道梳妆打扮……现在加上他喜欢烹饪，我干脆快马加鞭，因势利导，让这个孩子大力发展这方面的才能——如同世间万业一样，烹饪作为一种职业，做得不好是一种手艺，做得好，就是一种艺术啊！

谁见过13岁就自然流露出对烹饪艺术如此感兴趣的少年天才呢？天才难道就是数星星、背单词、记公式、考大学的"大脑发达、四肢枯萎"的人吗？答案当然不是。天才不仅包括陈景润、华罗庚、李四光、钱学森，还包括王军霞那样善于跑步的人，马俊仁那样善于养狗的人，邓亚萍那样善于打乒乓球的"国宝"，更包括徐小平的儿子，一个准备获得"奥林匹克烹饪大赛"金牌的种子选手！

中国有句伟大的古训："360行，行行出状元。"可为什么今天，全国人民都在为了一个状元——高考状元而奋斗，却忘记了还有359行可以成为状元、获得成功、赢取财富、享有尊严呢？

在欧洲以及美国，厨师这个职业的收入和受尊重的程度，毫无疑问是中国的厨师们只能羡慕的地步。因为西方人评价一个人，主要以这个人做事的成果——经济效益和社会效益来评判，而较少以这个人从事的行业来评判。在美国，一个收废品的人可以收到去住五星级酒店的境地，他会受到更高的礼遇，因为凸显在人们眼前的不是他所从事的行业名称，而是尊重他对社会的贡献，看他在行业中所获得的金牌上的"金"、银牌上的"银"，这熠熠闪光的"金银"，才是成功，才是胜利，才是理想……

想到这里，我的郁闷已经完全消失了，心里为儿子感到骄傲。甚至，我开始担忧儿子对厨艺的爱好会随着他年龄的增长而消退呢！儿子，好好学烹饪，将来多一条成功的大道，加一层幸福的绿荫！

培养孩子的生活品质

面对两个儿子的教育，我一直在思考一个问题，到底是要让孩子们艰苦奋斗，还是让孩子们懂得生活的品质？得出的结论是，我应该鼓励我的孩子去追求有品质的生活。

人类进化了几百万年，有记载的文明也已经上千年了，祖先们创造了那么多美好的东西是为什么？从贝多芬的《第九交响曲》、达·芬奇的《蒙娜丽莎》、莫奈的《睡莲》，到皮尔·卡丹的时装、香奈儿的香水，还有各种美食、各类饮品，这一切都是为了什么？

人类不断进化的目的就是为我们的快乐，为我们的生活品质，为我们的后人服务，为我们的孩子，还有孩子的孩子服务。所以，我从小就教育孩子去追求美好的生活感受和生活品质，不提苦难、不提磨难、不提忍受，这就是我的家庭教育理念。比如，我给孩子买文具，我就让他们选自己最喜欢的买，尽管那时我并不富裕，但我觉得一个你天天都要用的东西，买它仅仅因为它便宜而不是喜欢，每天凑合着用，这不仅会影响心情，还会影响生活的品质和生活的体验。

儿子很小时，我就带他们去听顶级乐团的音乐会、看芭蕾舞剧、欣赏名画展览、品尝各种美食，并给他们讲解与美食搭配的器皿文化，我还带他们去各大商场试衣服，有时不是为了买，仅仅是为了寻找能更好地表现他们精神气质的服装和色彩。

记得大儿子刚到耶鲁读大一时，他的心理状况出了一些问题，出问题的主要原因是他对自己的感觉不好。因为那时，他的体重超过了100公斤，他认为自己太胖了，他的形象不如弟弟那么帅，不如弟弟那么吸引女孩子。他说："爸爸，你一天到晚让我上哈佛、耶鲁，如今我上了耶鲁又怎么样？我不觉得生活质量有什么改善，我不快乐，上耶鲁又有什么意义？"这句话令我极为震撼。父母培养孩子，就是为了让他们过上快乐幸福的生活，如果孩子不快乐，那么就是对我最大的否认。

我没有给他做任何思想工作，更没讲大道理，而是马上帮他寻找最好的减肥教练，并请教练为他量身制订减肥计划。当他减肥取得一些成效的时候，我便由衷地赞美他，我说："查理，你很有魅力，很帅，真的很帅，要是能再减掉一些体重就更好了。"

后来，在我的鼓励和他自己的努力下，他最终减掉了十几公斤。我不间断地赞美他的变化，因为我也曾经有过减肥成功的时刻，但当时没人鼓励、夸赞，我多少有些失落，慢慢地就放弃了减肥。

有一天，大儿子的一个表弟来看他，见面后非常吃惊地大叫道："查理，你太帅了，可以上杂志的封面了。"当时他身高1.80米，体重89公斤，已经接近了理想的状态。这使他情绪振奋，自信大增，心情也好了起来，我看在眼里，喜在心头。

但我知道减肥很难，要想保持就更难，我尽力运用赞美教育，把他减肥后各种美好生活的景象展现给他，他听得很入迷，我相信他可以控制自己的体重了，因为他懂得控制体重给他带来的好处了。我还适时地给他介绍适合他穿戴的服装色彩及搭配技巧，这一切让他变得更加完美、更有气质了，之后他对生活的热情也随之大增。

我知道这样做会有人质疑："难道不需要教育孩子艰苦奋斗吗？不需要教育孩子刻苦学习吗？"我认为这些质疑是对生存的一种忧虑，是一种畏惧的传递，而不是基于爱与人性的教育。

据有关调查数据显示，中国的人均GDP仍居世界百位以后①，中国的医疗、卫生及社会保障等依然处于较为尴尬的地位。这就造成了中国家长有这样一种道德观、价值观和教育观。那就是他们在跟子女沟通的时候，总是会给孩子灌输某些人生的苦难、人生的压力、人生的烦恼，就像我们从小就听说，全世界还有三分之二的人民在受苦受难……其实，我们的一切努力，都是为了孩子能快乐地生活，为了孩子内心深处的愉悦和平衡。父母应该把美好的东西展现给孩子，从精神到物质，从外界到身体。当孩子面对困难时，要用俞敏洪的一个哲学思想：面对困难的时候，不要放弃，因为美好

---

① 据2022年世界国家和地区人均GDP（IMF版）数据显示，中国的人均GDP已进入世界百位。

的东西就在后边。

我们教育孩子努力奋斗的目的，是为了让孩子能拥有一切美好，这美好不在看不见摸不着的未来，而是在当下，在当时当地。

我的家庭教育理念主要有三点：第一点是赞美教育；第二点是对生活、对幸福快乐的弘扬；第三点就是基于每个人行为所得之上的一种满足感和幸福感。这与顺其自然、一切随缘的态度是不同的，这是一种寻求自我的满足感和幸福感，是积极地追求美好的东西，同时永远珍惜自己已有的东西。

"赢"的教育

从前有一个男孩，在街头和小朋友打架输了，他哭着回家告诉爸爸。爸爸听后不仅没有安慰他，反倒狠狠地揍了他一顿，爸爸给出的理由是："我们家容不得失败者，下次打架一定要把对方打败，如果哭着回来，你就不是我的儿子！"在这样的家教下，这个出身贫寒的孩子长大了。后来他成为美国总统，他的名字叫里根。

从前有一个女孩，在街头和小朋友打了起来，因为对方人多势众，她被打败了，哭泣着回家，她期盼着妈妈的安慰。可妈妈并没有安慰她，而是狠狠地教训她："我们家不允许有懦夫！如果要打，你就把对方打败了再回来！"女孩听了妈妈的话马上回到街头，反击了那几个欺负她的孩子。结果，她赢得了大家的尊敬。这个女孩后来成为美国第一夫人和国务卿，她的名字叫希拉里。

还有一个男孩在街头和小朋友打了起来，这一次，"战争"发生在国内。虽然男孩肥胖硕大，却被一个拿着木棍的孩子先发制人、狠狠地欺负了一顿。为了寻求正义，他哭泣着回家寻求爸爸的帮助，要爸爸为他主持公道，去找对方的父母理论。谁知爸爸听完儿子的哭诉，二话没说，把自己受到委屈的孩子痛打了一顿，爸爸打完他，义正词严地说："不管是谁先动手，只要和其他孩子打架，都是你的错，我就打你！"

这个孩子就是我——徐小平。

……

一个从小就被教育要勇敢不畏强势，大胆挑战权威，不甘接受失败，立志战胜困难的孩子，他长大了，即使成不了美国总统，做不成第一夫人，他在生活中，也是一个令人尊敬、被人信赖的人，他会获得这样或那样的成功。这样的人，是人类中的狮子。即使他出去捕食一时不成功，换言之，即使他在生活中有这样那样的不顺利，但他自尊自信的人格，足以使他成为自己的主人、他人心中的楷模，给自己和他人带来荣耀和正向的影响。里根与希拉里的人格魅力，已经成为世界文化的一部分，滋润着包括中国青年在内的世界青年。

而在我看来，一个从小就被父母教导要容忍非正义、接受不公平、甘受屈辱、自责自贱的孩子，即便成长后有可能成为某一方面的专家、某一领域的名人，但他在生活中，肯定难免会暴露出幼时家庭教育造成的问题，在和同事、朋友相处的过程中，会在一些方面或不同的程度上，表现出自己性格与为人的弱点。在集体生活中，他很可能不敢争取自己应得的权益，不敢面对别人的挑衅；在私人生活里，他也很可能会轻易放弃自己的快乐与尊严，并为此找到种种阿Q式的自我解脱的理由……即使他侥幸获得某种程度的成功，他的生命质量一定低于他应该享受的生活档次。一个不能为了自尊、自信和自由而不惜一切代价去争取的人，永远不能真正实现自我，永远不能充分发挥他的潜力，永远无法抵达他的理想家园。这样的人，是人类中的羚羊，即使他一生都能逃脱狮子的追捕，一生都有足够的水草，但他留给人世的，只是苟且偷生的小曲，而不是勇猛进击的壮歌。

长大以后的我，上了大学，做了老师，办了公司，成了名人。但小时候父亲给我的那一顿打，给我幼小的心灵造成的委屈、无奈、不公和伤害，以及对我长大成人之后人格方面的深刻影响，是父亲难以预料的。父亲的权威和影响对于孩子来说是深刻且长远的。我无法在四五岁的时候拒绝它，我也无法在四五十岁的时候忘却它。但我终于在读到里根和希拉里的自传时，知道了美国为什么强大，徐小平为什么懦弱。

要是在那次打架以及后来无数次对我的教训中，我的爸爸能够像里根的父亲或是希拉里的母亲那样，教会我的不是忍让而是反击，不是归来哭泣而是出击凯旋，我的一生，应该少走多少弯路、少受多少委屈、少留多少生命不可逆转的遗憾啊！

多年以后，当我做了父亲，我给儿子讲得最多的是"狮子和羚羊"的故事：狮子的妈妈在它很小的时候就会教它怎样快跑，因为跑得快就能追上羚羊，就能享受一顿美味大餐；羚羊的妈妈也在羚羊很小的时候就教它如何跑快，如何在奔跑中急转弯，这样就可以躲避穷追不舍的狮子。羚羊的妈妈告诉小羚羊，只有这样，才能逃脱狮子的追捕。

小狮子和小羚羊都在认真学习生存的本领，可是学着学着，狮子成了霸主，而羚羊跑着跑着却变成了被追赶的对象。儿子问我原因，我说："因为它们对自己生命的定位不同，狮子时刻想着要赢，于是它有了王的意识；羚羊也时刻想着要赢，但它的赢是不被吃掉，是能够逃亡，这种生命的定位，让羚羊一生充满恐惧，成为弱者，因为羚羊追求的最大胜利，仅仅是活下来。"

为了获得更好的发展，我从小就教育儿子："第一，要找到自己为王的空间，摆脱羚羊般的命运。第二，出门在外，没事别惹事，有事别怕事。如果真的要打架，一定要争取打赢；如果体力不够，就用智慧；如果不能完胜，哪怕是双赢，也要赢。"

Chapter ③
培养一个孩子，要有设计

王　强

　　面对孩子时，我们是一个声音。只有这样，孩子才能认识到：价值观应该是一元的，因为爸爸的意见也代表了妈妈的意见，妈妈的意见也代表着爸爸的意见。

上篇
父母与我

　　我感谢我的父亲。生活中他虽然话不多，但关键时刻总是看得很远。看似不经意的话，其实都是他深思熟虑的结果。他让我坚持做自己想做的事，依照自己的意愿追逐梦想，这使我变得独立而自信。自由给了我自立，一并成就了我如今的人生。

生命的种子

我的童年是在内蒙古包头度过的，当时，那里的教育水准相对落后。我的父母都是中学毕业，但他们却很有意识地培养我和弟弟，使我们都考上了很好的大学。

我的父亲虽然文化程度不高，但他一直喜爱看书，也喜爱买书。所以我从小在家里能找到最多的东西就是书，尤其是苏联文学。我读书的种子就是那时萌发的。当时家里没电视机，也没录音机，我闲着没事就看书。在书里我得到的乐趣，比做其他事情多很多。

父母对我最大的影响，就是给我自由选择的权利。父母从来不会干涉我该学什么、该做什么。他们只是照顾我的生活。我要买什么书，他们就给我钱。

有一件事应该感谢我父亲。上初中时，父亲给我选了一所他认为不错的学校——那时还没有考大学的事儿。父亲之所以给我选这所学校，只因为他听说这个学校有很多从外地来的老师。父亲一直主张孩子不仅要读书，还要有见识。他认为外地来的老师能教他儿子课本以外更多的东西，所以就把我送到这所学校来了。正如我父亲期待的那样，在这所学校里，我遇到了一批非常优秀的老师。他们都是大学生，各有所长。

例如教我语文的高老师，他曾是《工人日报》的主笔，非常有名，工资是其他老师的几倍。他是20世纪30年代北京大学土地法专业的学生。在高老师的作文课上，我第一次知道可以不必写命题作文。有一次我拿到题目，想了一下午，一句话都没写出来。我就去找高老师："老师，你出的这个题目我实在写不出来。"高老师说："那就写你能写出来的。"后来我写了一篇《我家窗前的一棵树》，有点鲁迅文章的味道。这篇文章从一棵树写起，写这棵树见证的变迁，我与这棵树一起成长，它见证了我与朋友、同学的友情等。没想到这篇没有按照老师命题写的作文居然获得了最高分，还被其他班老师拿到全校当范文宣讲，分析文章为什么写得好。这给了我极大的鼓励和成就感，并悄悄点燃了我想读北大中文系的梦想。

我的数学老师就更"神"了。他毕业于南开大学数学系。他讲几何的时候，从来不带教具。上课只带五根粉笔就来了。画圆的时候，只目测一下圆心，然后一笔画成，没有第二笔。这个圆你看不出它的接头在哪儿。画三角，如果是一个34度角，抬手就画成了。有的学生不信，下课拿着量角尺到黑板上去量，果真是34度，连不爱学数学的同学对他都佩服得五体投地。

教我们生理卫生的老师是北京师范大学生理卫生系毕业的。

当时我上初三，听生理卫生课能听得入神，不是说我对各种器官感觉好奇，而是觉得人体竟如此神奇！因为老师讲生理卫生不仅讲解剖，还讲人体结构与生命整体及运动的关系，具有很强的哲学色彩。

这些老师不仅讲课好，还都很有个性。他们做事追求极致，却没有一个评上过"优秀老师"。因为当时学校要求老师要坐班、要写教案。这些老师的知识全在脑子里，根本不用写教案。给我们讲课只带一本教材，课本上也没什么标注。讲历史的陆老师是南京大学历史系专业出身，他天天把课本掖在裤腰带里。进到教室后，他从裤腰带里取出课本，往讲台桌上一放就开始讲，从来不看一眼课本，牛得很！这些后来也影响了我的教学方法——要讲的知识全都烂熟于胸。

所有老师中英语老师最令我难忘。他是学俄语的，不是英语科班出身。他看我很有学英语的潜质，就在一次下课后把我留下来。他说："我教其他同学可以，但我看你是个好苗子，你不要跟我学了。你要学正宗的英文。"我说："我不知道上哪儿去学正宗的英文呀！"

过了一星期，他让我课后去他办公室。见了我，他从怀里小心翼翼地拿出一个用破报纸包着的东西。打开一看是烂了一个角的大唱片，黑色的胶盘，可以用手摇留声机放的那种。他说："王强，我是半路出家。你要想学真正的英文，我给你找到了一个好教材。这是国外的。"（那时候听外国来的东西，真是心里激动得不行。）他告诉我这叫"灵格风"。上初三的时候，在内蒙古那个偏僻的地方，我第一次知道了英国BBC经典的"灵格风"教材。唱片是破的，可能是从收废品的人那儿淘来的。

我特别感动于老师的苦心。每天放学后，他就把我带到学校广播站。广播站有一个手摇唱机。老师把团旗往窗户上一挂，谁也看不见；再把门从里面一锁，谁敲门也不开。然后他就挥着汗一边摇着唱机，一边让我跟着唱机读。

我考到北大以后发现，英语专业50个人中只有我说一口纯正的英式英语，因为我是按照BBC学习的，效果一点都不含糊。

老师们的谦逊认真，以及他们全情投入地把事情做到极致的态度，带给我深远的影响，也塑造了我的人生态度和做事风格。

自由与自立

至今，令我记忆深刻的还是高考前报志愿那一幕。

我报志愿时非常"凶猛"，甚至有些不可理喻。当时我一心想去北京，想进中国最优秀的学府，所以只报了五所全国重点大学。第一、第二志愿报的全是北京大学。这种报法是极端的，因为如果第一志愿不录取我，第二志愿肯定也很有可能不录取我。学校领导一看，急了，说："这简直是瞎报！"

当年，北大英语系在内蒙古只有两个名额（其中一个名额给民族班）。学校领导说我是孤注一掷，被录取的概率太小。如果前两个志愿考不上，我连内蒙古大学也没报，肯定是上不了大学的。当年高考的升学率对学校来说很重要。学校的党委书记亲自找我父亲谈话，让他劝我改志愿。父亲知道我不愿意放弃——因为上北大是我的梦想，就没答应。党委书记给我父亲做思想工作，讲了一个小时的道理。结果，把我父亲的倔脾气给激出来了："他考不上大学是我养他，又不是你们学校来养他。不改！"

党委书记一听气坏了。他觉得我们做事没谱，爱出风头，这会影响学校的升学率，属于思想不端，便把我这个文科班唯一一名"三好学生"的荣誉给撤了，八块钱的"三好学生"奖学金也收了回去。

这么一来，我非常紧张。无形的压力大得不得了。父亲见我情绪低落，就对我说："怕什么？你又没错。如果连北大都不敢考，你将来还敢做什么？考不上我养你。明年接着考！"

父亲的话让我感到很温暖。我有了强大的后盾。接下来我拼命复习，因为担心考不好对不起父母，对不起点燃我梦想的老师。

结果，高考成绩一公布，我是全内蒙古文科总成绩第二名，外语成绩第一名。我顺利地以第一志愿考进了北京大学。

我很感谢我的父亲。生活中他话不多，但关键时刻总是看得很远。看似不经意的话，其实都是他深思熟虑的结果。他让我坚持做自己想做的事，依照自己的意愿追逐梦想。这使我变得独立而自信。自由给了我自立，一并成就了我如今的人生。

下篇

我与孩子

　　如果我们没有深刻的思考，就不可能有解决问题的有效方法；没有有效的解决方法就不可能在孩子生命的每个阶段把你所要灌输、培养的东西变为他的良好习惯；没有良好的习惯就形成不了健全的人格；没有健全的人格，孩子将来走向社会就不知道人生的目标是什么。

思想创新，行为规范

　　现在我也成了一名父亲，面对天真可爱的儿子，我开始认真思考：我的家庭教育应该怎么进行？我开始对青少年的教育有了真正的思考。

　　中国的幼儿教育，常常是把孩子的思维固化，即一元化。但对孩子现实生活中的行为和价值观却允许甚至鼓励多元化。孩子人生价值观的随意取舍所造成的思想混乱是中国家庭教育最失败的根结之一。

　　在现实生活中，我们的孩子常常很困惑，因为从爷爷辈到父母辈，他们不会坚持一个固定的价值观。当爸爸说不行的时候，孩子可以在妈妈那儿获得许可；妈妈说不行的时候，孩子可以在奶奶那儿获得许可。这样一来，孩子就会觉得，价值观这种人生最重要的东西是可以因人而异的，是可以协商或打折扣的。这种教育的结果会直接导致孩子做事时不坚持原则，对正确和错误没有是非观，出问题善于找借口为自己开脱。

我对儿子教育的一个重要指导思想就是：在我们夫妻配合之下，坚持一个声音、一种态度。这样孩子就不会感到茫然和困惑。我儿子从小就适应了这一个声音。当他妈妈说不行的时候，他就不会再来求我。因为即便是她做出了错误的决定，我也不更改。错了我们夫妻可以回过头来再商量，但是面对孩子时，我们是一个声音。只有这样，孩子才能认识到：价值观应该是一元的，因为爸爸的意见也代表妈妈的意见，妈妈的意见也代表爸爸的意见。此外，我从来不让我的父母参与对孩子的教育。爷爷奶奶可以表达爱，但是在我们教育孩子的时候，会请他们离开现场，以避免他们的想法扰乱孩子的价值观。这样孩子才能不困惑、不茫然，内心充满坚定的力量。

如果说价值观的培养为孩子种下了坚实的生命之根，那么在我看来，创造力的培养则给了他日后飞翔的翅膀。我们的教育多为鼓励孩子顺从、听话，而不是拥有独立见解，鼓励中庸、随大流，而不是竞争、冒尖；鼓励稳妥、可靠，而不是异想天开……这些都严重束缚了孩子想象力的发展。这是家庭教育中又一个失败的地方。

上海市教科院曾公布了针对上海、天津等六座城市共计1.1万名中小学生创造力发展现状的调查。调查结果显示，仅25%的学生具备初步创造力，且随着学段的升高孩子的创造力逐渐下降，85%的教师和半数以上的家长不能容忍孩子的"奇思怪想"①。

前武汉大学校长刘道玉在接受记者采访时说过一组数据：2009

---

① 数据来源于上海市教育科学院普教研究所2010年对上海、天津、重庆、南京、杭州和南昌六个城市中小学生创造力的调查报告。

年，教育进展国际评估组织对全球21个国家进行的调查研究显示：中国孩子的计算能力排名世界第一，想象力排名倒数第一，创造力排名倒数第五。在中小学生中，认为自己有好奇心和想象力的只占4.7%，而希望培养想象力和创造力的只占14.9%。此外，美国几个专业学会共同评出的影响人类20世纪生活的20项重大发明中，没有一项是由中国人发明的。中国学生每年在美国拿博士学位的有几千人，但美国专家评论说，中国学生成绩虽然突出，但想象力却极为缺乏。

这一具有说服力的数据无疑是在给我们做父母的敲响警钟。要想让孩子在未来的世界有所作为，首先就要培养他的勇敢和创新精神。这方面，我们不能完全指望唯"标准答案"和"题海战术"是从的学校教育。而是必须从家庭教育开始，鼓励孩子在思想上大胆创新，在行为上规范慎行。

未来世界是创意为王的世界。创造力的内核是想象力。真正的想象力是拒绝一元化的"驯服"的，多元化的可能性和敢于打破常规的"冒险"才能赋予想象力以生命。

对价值观的"不宽容"，但对创造力的"大宽容"，才能把我们的下一代引向灿烂的未来。

能力是这样"炼"成的

我认为，对孩子的教育要行之有效，就要把我们对教育的哲学思考、对孩子本质和特性的理解融在一起，并把它们科学地量化，变成日常生活中认真执行的行为准则，一步一步潜移默化地在孩子身上实现，让他发觉这只是一个习惯的养成，而不是成年人高深思想的强加。

在儿子一岁半，我给他换尿布时，我就告诉他："给你换尿布是我的责任，因为你换不了；但是这尿布是属于你的，所以扔尿布是你的责任。"他快三岁时，来到我在新东方的办公室，走路还摇摇晃晃的。我给他换完尿布，把他从桌上抱下来。他第一个举动就是抱着换下来的尿布问："爸爸，垃圾箱在哪儿？"

五岁以后，在家每次洗完澡，他都要把换下来的衣服放在妈妈的待洗衣篮里，吃饭前要负责把碗筷、叉子拿出来。我觉得作为生活中必需的技能，哪怕再微不足道，他也一定要具有。不管他将来能做什么工作，成了家，这些他不也都必须会做？

从他九岁开始，凡是我们全家出去旅游，从订旅馆到订机票就都是他的责任了。我会给他一个预算，比如，这次旅行要花3000美金，我们出去五天，机票费用我另付。那么，对于这五天中3000美金怎么花，游乐场门票多少钱，旅馆是要住好的还是一般的，他都要考虑后决定。小孩子嘛，一开始都觉得很好玩。他预订的那个旅馆，我们进去才知道都是小孩房间。他发现我们夫妻的床很小时，感到非常不好意思。但我和太太没有埋怨他，因为这是我们承诺给他的职责。他做得不完美是因为他的思考能力还没达到这个高度。这没什么大不了的。等待下一次再逐步完善就是了。果然，下一次旅行，他第一个想到的就是给我们订一个标准房。这样的事，有的家长会觉得我是在浪费时间，不如一步到位直接告诉孩子，而我就是要在实际生活的问题处理上培养孩子自己做事的风格和方法。

　　如果我一开始就对他说你这个不行、那个不行，他不仅不明白为什么，还会畏手畏脚，失去自信的同时也会失去担当。允许他碰到实际问题再去思考，他便能很快成长起来。现在他12岁了，如果我给他一张信用卡，他就能走遍世界，还能安全地回来。这恐怕是很多同龄孩子做不到的。做不到，不是孩子没有这个能力，而是父母没有给他锻炼这一能力的机会。

　　对一个孩子的教育，任何抽象的东西都没有用。一定要把对教育培养的思考量化到具体的日常活动中。只有他自己身体力行之后，抽象的理念才会在他身上转化成受用一辈子的生存能力。

兴趣与回报

这个世界上任何事情都是有因有果的。一个孩子不可能像某些生命力顽强的植物一样扔到哪里都能茁壮成长。孩子是绝对需要教育和培养的。培养本身就是一种文化建设的过程。

探讨家庭教育，核心问题是要有一种哲学思考的能力。如果我们没有深刻的思考，就不可能有解决问题的有效方法；没有有效的解决方法就不可能在孩子生命的每个阶段把你所要灌输、培养的东西变成他的良好习惯；没有良好的习惯就形成不了健全的人格；没有健全的人格，孩子将来走向社会就不知道人生的目标是什么。所以我始终觉得：培养一个孩子，就跟我们做一个产品是一样的（只是更复杂而已），要有设计。设计的前提是要考虑他自身的特质和心灵的需求。如果两者相匹配，你对孩子的教育就能一拍即合，教育的效果就会事半功倍。

我经常跟学生讲姚明的例子。"大家都羡慕姚明的成功。但是姚明的成功有个重要的前提，你们知道是什么吗？"学生回答：

"他个子高。"我说："只对了一半。姚明成功的前提更在于篮球。如果世界上没有一种叫篮球的运动，姚明基本上就是一个普通人，甚至是一个很难找到工作的人。所以说，任何人的能力、人生理想，都要找到一个与之相匹配的平台，才能够实现。否则，你的潜力就会终生'潜伏'在生命里，难以显现。"

我提倡父母为孩子进行人生设计。但有一个前提，就是父母要真正了解孩子。你们设计的目标必须让孩子喜欢并接受。如果孩子的潜质与爱好和父母要培养的方向不同或相反，那这个设计再好也应该丢弃它，因为只有适合，他才能有学习的兴趣和动力，才能发挥潜能与才智，靠一厢情愿是没有用的。

儿子在过九岁生日时，我和太太给他买了台苹果电脑。他觉得很好玩，经常在那儿摆弄，而且跟我们讲一些很专业的技术问题。我觉得他在电脑方面有悟性。不久，他的老师又对我太太说，你儿子在电脑课上很有创造力。于是，我产生了一个想法：让儿子尽快上网。

当时我太太比较担心，怕孩子会染上网瘾，只玩游戏不学习了。我觉得孩子如果染上一个坏习惯，不是因为他的天性使然，而是因为在他生命中还没建立起更优秀的东西。互联网时代已经到来，不论我们怎么防备，孩子总有一天都能接触到的。关键是在我们还能够引导他向善的时候，告诉他什么是好的、什么是有价值的，并及时地培养他对事物的独立判断能力。

所以我跟太太探讨：我们是要把儿子培养成一个20世纪甚至19世纪的人，还是把他输送到21世纪的最前端呢？互联网对于我们这一代来说也许无所谓，但对于孩子这一代将是升学、就业的关键，是他们将来生存以及成功的基本土壤。最终我和太太达成一致：宁可面临儿子染上网瘾的风险，也不能剥夺他赶上未来时代的生存资格。

毫无疑问，互联网是一把双刃剑。网上有很多糟糕的东西，但也有更多精华的东西。当一个孩子知道互联网上有更好的东西、更有价值的东西吸引他的时候，就不会沉湎于游戏。这需要家长的引导。我们不一定要成为专家，但一定要知道：第一，孩子上网是不能避免的；第二，要及时了解、引导他上好的网站。如果孩子爱下棋，完全可以让他在网上练习下棋。另外，还可以引导他在网上搜索音乐、数学、外语等各方面他感兴趣的资源。

我儿子上网后做的第一件事就是给自己建了一个网站，以他的方式介绍各类他感兴趣的新技术。有一次他提出想要一个苹果手机，因为他同学大多数都有。我和太太知道这个东西有辐射，可能对大脑会有影响，便明确地拒绝了他。但他想向同学们宣传他的网站啊，于是他开始动脑子想办法。通过几个月的"研究"，他编了一个小小的应用软件，并把这个软件下载到同学的iPhone（苹果手机）上，这样就可以通过这个软件直接来浏览他的网页了。他的小"设计"本来是解决班里同学浏览他的网站的问题，但现在不仅学校同学能用，其他人也都能用。因为他的"产品"被iTunes Store[①]接受了。为此，校长还给了他一个殊荣。小小的成功让他认识到，做自己喜欢并擅长的事能够带来多么快乐的回报。

———————————

① iTunes Store 是苹果公司旗下的网络商店。

在竞争中成长

任何东西如果孩子不敢尝试，我都会失望，而且我会把我的失望第一时间传达给他。如果他敢于尝试，即便失败了，我也会替他高兴。不是他"成功了"我才会高兴，而是因为他敢于去做，并且尽了力。他至少对"竞争"和"机遇"有了切身的体验。这是他人生提早获得的"财富"。

儿子上小学五年级时，有一天放学回来说："今天我们班选班干部。但我怕选不上，就没报名参加。"我一听很恼火。我说："班干部你都不敢竞选，将来学校级别的干部你怎么参选？长大了到社会上你怎么有勇气去领导团队？"他很在意我对他的看法。三个月以后他决定参选学校的学生会主席。我觉得奇怪，这个变化大了点吧？我太太悄悄告诉我："他是想向你证明他很优秀。"

我和太太马上表达了对他的全力支持。我也通过他的参选，深入了解了美国的竞选是怎么回事。为了拉票，竞选前一个月，他天天提早半个小时到学校。做什么呢？认识同学，了解"民意"。他每天穿上自己印的T恤——他的名字印在前面，背后印上他的头像和竞选口号，并在学校大厅里贴上竞选标语。然后主动去认识同学，上千名学生他要一个个去握手，告诉别人他叫什么，他要竞选学生会主席，并询问同学对新学生会有什么建议和要求，请投他一票。他竞选的演讲稿完全是他自己撰写的，结尾还真有那么点味道："The time is now. The place is here. If you want the best, you've got to select the best. I am your man."功夫不负有心人，他在最后一轮的四个候选人中，终于以最高票当选了。

在有序的竞争中尝到了"成功"的滋味使他变得越来越自信，而且还为他带来了意想不到的"机遇"。就他获得的自信和"机遇"，我在此举两个例子。

先说机遇吧。他当上学生会主席之后就常常有了和校长交流的机会。美国人很多都是开车把孩子送到学校门口，然后学生下车自己走进学校上学。有一天下大雨，孩子们下车的地方到学校大厅前有一大摊水。小孩喜欢玩水，一见积水就没命地玩，把鞋和裤子都弄湿了。更糟糕的是，学校过道地面全变得滑滑的，既脏又危险。那天早上，校长和我儿子值勤。因为担心孩子们的安全，校长就不断告诉下车的孩子不要踩水。孩子们哪管这些，他越说，孩子们就越起劲，完全不理会校长的劝告。校长急得不行，可就是没办法。这时，我儿子突然向校长提议说："咱们为什么不能来一个'逆反心理'呢？"校长问："怎么个逆反法？"我儿子说："咱们就堵在车门口。同学一下来就告诉他们，先走进这个水洼。孩子们最擅长的不就是跟大人拧着干吗？"这方法一试果真有效，没人愿意踩水了，难题迎刃而解。校长问："你从哪儿学到的？"他说是从《加菲猫》的故事里得到的启发。从此校长和他成了朋友。后来他上中学时申请另一所学校，校长亲自为他写了强有力的推荐信，这在小升初的孩子中并不多见。这也让他认识到，机会的确是留给有准备的人的。

再说自信。一次，他们中学上生理卫生课。三个年级近500名学生，一同聚集在大礼堂等着看生理卫生的影片。学生和老师都坐好了，但放映的影片却只见图像没有声音。老师调试半天也没结果，就问在座的学生谁能帮忙解决这个问题。我儿子举了手，他上去鼓捣了一会儿，声音就放了出来。全体老师和同学都为他鼓掌。他可是在座三个年级中年级最低的。先别说解决问题的技术细节本身，就是大庭广众之下敢于自信大方地走上讲台，也不是件太容易的事，但他都做到了。我特别想知道他当时是怎么想的，就问："孩子，虽说爸爸鼓励你自信，但这个场合弄不好可能会露怯啊！万一弄不好，你不怕灰溜溜地下来？"他说："不会的。我坐那儿仔细观察老师半天了。因为图像清晰，我就知道输送信号的连线没问题。唯一的可能就是控制声音的那个功能键忘开了。我举手的时候，其实已经知道它的问题大致是什么了。"我又问："当大家给你鼓掌时，你有什么感受？"他笑着摊开双手："很放松！很有成就感！感觉很刺激！"

我很欣慰孩子能在这样开放而有热情的教育环境中学习、成长。这一环境把公平的有序竞争带来的"自信"牢牢地播种在他幼小的心灵里。他在生活中遇到各式各样问题时所表现出的积极思考和全力以赴寻找解决办法的态度为他赢得了不少机遇，而这些机遇又促成他不断确立更大的人生目标。在我看来，一定程度上竞争中的成长才算得上是真正意义上的成长。

情感沟通——预防叛逆的疫苗

　　青春期的一个重要标志就是孩子迅速关闭与父母交流的通道。要想避免这一点，就必须让孩子从小就觉得跟父母交流是一个常态而非一个偶然事件。交流是需要基础的。我们很多父母从来不跟孩子说"我爱你"，从来不问孩子在干什么，也不跟孩子分享自己在干什么。等孩子到了青春期，很多父母突然说我需要和你交流，孩子怎么可能满足你？因为他没有这个习惯。习惯是养成的，而我们的父母并没有给孩子养成这个习惯。抱怨孩子的错，这公平吗？答案是否定的。

　　我的孩子已经12岁了，还没发现我们跟他谈话时他有不耐烦或者搪塞的情况。我想以后也不太可能出现这种情况。你们知道吗？从他三岁能够对话的时候，我就开始与他交流。我不在他身边也一定会给他打电话。我是中国移动的钻石会员，我的电话费大多用在了跟儿子的沟通上，无论我走到世界的哪个地方，他睡觉前听到的最后一个声音，一定是我的声音，一年365天从不间断。他已经养成习惯了，就像吃饭一样。如果睡觉前没有接到我的电话，他就会找我："爸爸，今天我们还没说话呢。"对于我们父子，这是一件日常的事，像吃饭、洗脸一样自然，而不是奢侈或期待的东西。

我常常和儿子沟通："今天有没有什么好消息或不好的消息告诉我？遇到了什么问题？你又发现了什么有意思的东西？又为自己或老师、同学解决了什么问题？又对什么新鲜事物感兴趣了？"

每年我跟他在一起的绝对时间大概也就四个月。但从情感上来说，他跟我非常亲近，到了令别人羡慕的程度。常有父母跟我说，出差一个星期，回家跟孩子就没话说了。但我们没有，从儿子三岁到现在，我们已经密切沟通将近十年了。我们之间的感情非常好。儿子处处替我着想，令我十分感动。他常常到机场接我，就连我下个楼梯他都要提醒我："爸爸你要抓住扶手。"因为他担心我会分心，踩不稳楼梯。父亲节，他会给我买两份礼物。母亲节给他妈妈买一份。我太太有时候会"嫉妒"，问他为什么。他说："爸爸很少和我在一起，所以多一份就等于表达我平常对他的想念。"情感上无条件的有效沟通，拥有着永远无法用金钱衡量的价值，也是预防孩子青春期叛逆的最佳疫苗。

教育的终极目的

　　教育的终极目的，一言以蔽之，就是教会孩子如何幸福地生活。一个孩子不管是进了哈佛还是北大，如果他不快乐，就一点意义都没有。哈佛每年有多少毕业生？北大每年有多少毕业生？相当一部分人不都是平平庸庸的，甚至是悲悲惨惨的？"悲惨"，我指的是一定程度上的心理不平衡，总觉得怀才不遇，内心抑郁消极，没有充满激情的人生奋斗成就感。

　　所以，我坚持孩子心灵快乐是第一位的。儿子刚上小学时，我就对太太说："如果我们让孩子学一样东西，他不快乐，那我们就放弃。因为那是我们的想法，不是孩子的想法。还有，如果做一件事影响他的身体健康，那宁可不做。"我们一直是这样做的。他这几天正在期末考试，我还跟太太说："儿子每复习一个小时，必须让他出去玩一会儿，宁可少做一道题，也要让他多些活动时间。他还是个12岁的孩子，要让他的生命细胞不断地生长。"对我来说，儿子得98分和89分没什么区别，因为有的时候考89分的人，将来走的路可能更长远。

　　我希望儿子成功。但不是唯有学习成绩100分的成功，是他对社会有所贡献的成功。我把他们学校历年来50位最优秀校友的故事讲给他听。我说："爸爸希望将来有一天，你也成为他们中的一员，成为你们学校的骄傲，成为社会的骄傲，这才是有意义的人生。"

　　现在，我还真不在乎儿子是否能进哈佛或者其他名校。我在乎的是他18岁离开养育他的温室一样的家时，能否作为一个正常、独立、健康的人在并不简单的社会上生活。在他成年之后能够健康、独立、自由并快乐地追求自己的人生目标，清醒地知道自己的人生道路应该怎么走，而且能有勇气和能力迈出坚定的脚步。我想，作为父亲，我对他的教育职责也就问心无愧了。因为我把我领悟到的教育的终极目的的秘密毫无保留地展示给他，那就是：学会如何幸福地生活。

Chapter ④
孩子的问题都是父母的问题

周成刚

对孩子来说，"智力开发"不宜过早，包括对孩子读、写、算的训练。这些学业知识不符合幼儿的认知特点，孩子虽然可以用"鹦鹉学舌"的方式死记硬背，但并不能真正理解。

上篇
父母与我

　　父亲常说，"君子动口不动手"，他在这方面对我的影响很大。他总说，好孩子不是打出来的，而是要讲道理。所以，我有了自己的孩子以后，从没动过打他的念头，这是发自内心的。

童年时我的秘密武器

　　我一共有五个兄弟姐妹。前两个是女孩，估计父母不甘心，又生了第三个，结果是个儿子，父母很高兴，也都很喜欢他，他就是我的哥哥。我是第四个出生的，虽然也是个男孩，但父母还是更喜欢我哥哥。后来，哥哥上学了，不知道什么原因，他不喜欢读书，成绩比较差。于是，父母就把注意力转向了我，希望我能好好读书。可是，后来他们发现我读书也不好，所以对我也很失望。

　　但我从小就是一个比较乖巧的孩子，知道怎么跟父母打交道。如果看到母亲干活累了，我就会主动走到她的背后，说："妈妈，我给你捶捶背吧。"每次我给母亲捶背时，母亲都闭着眼睛，一副很享受的样子，嘴里还不住地说："好，真好！"母亲的表扬给了我鼓舞，下一次，我除了捶背，还会给母亲按按脖子，按按头，母亲会更加高兴。我父亲喜欢喝茶，他下班进门后的第一时间，经常能喝到我为他泡好的茶，而且茶水温度适中，不凉也不热。所以后来，我感觉在五个孩子中，父母总是更加喜欢我。

我比较讲义气。在跟其他同学打交道时，我一般都是奉行"有福同享，有难同当"的理念。有一次，外婆给了我一块月饼，这在当时那个年代可是稀罕物。拿到月饼后，我立刻去找我的两个最要好的伙伴，等三个人凑齐后，我们每人咬一口，平分着吃了。虽然我少吃了一部分，但心里却很满足。从小到大我一直是孩子王，因为大家喜欢跟我在一起，我也喜欢把自己拥有的东西和他们分享。久而久之，大家在一起就变得很贴心，后来我与同学、同事的交流也一直畅通无阻。

我父亲是机关干部，母亲是工人。当时全家被下放到农村，我父母基本还在城里工作，但是我们小孩子就留在农村了。在整个小学期间，我和外婆以及哥哥、妹妹一起在农村生活。那时，我们不需要读书，父母亲也不在身边，基本上属于没有人管的孩子，整天就是疯玩，天天去抓鱼、偷西瓜、游泳，所以，我的学习成绩一直不好。

动口不动手的"君子"父亲

小时候，我父母时常要吵架，我不知道具体原因，但我很害怕。不过不论父亲怎么跟母亲吵，从来都没有打过母亲，也没打过我们。父亲在我们家族里面是比较通情达理的人，如果孩子做了错事，他一定会批评，但绝不会动手打人。

记得有一次我在院子里踢球时，不小心把邻居家的玻璃打碎了。邻居找到我家，我以为父亲肯定会打我，可父亲除了给人家道歉，答应马上给人家换一块玻璃之外，没碰我分毫。父亲常说，君子动口不动手，他在这方面对我的影响很大。他总说，好孩子不是打出来的，要跟孩子讲道理。所以，我有了自己的孩子以后，从没动过打他的念头，这是发自内心的。

一言九鼎的母亲

虽然父亲不打我，但是母亲会打我。母亲很要强，对孩子要求很严，如果我在外面调皮惹事，只要有人来家里告状，不管我犯的错误是轻是重，母亲必打无疑。所以，我很怕母亲，在她面前总是很规矩，不论做什么事情，都小心翼翼的。

1977年恢复全国高考，1978年，我高中毕业。当时，我的成绩几乎门门不及格，心智也不够成熟，更没有什么远大的理想，只是隐隐约约地感觉，能做一名大学生是一件特别光荣的事。但是由于学习成绩不好，1978年我没有考上大学，1979年又考了一次，成绩稍微好了一些，但仍然没考上。

我母亲把已经结婚的大姐叫回家。当时大姐在中学当英语老师，也做班主任，是一个非常负责任的老师。母亲很严肃地对我大姐说："你能教别人，让别人家的孩子都考上大学，为什么不能好好教教你弟弟？"母亲把脸转向了我："成刚今年一定要去念大学，这事儿就交给你了。"

大姐马上抗议："他不好好学，我有什么办法？"母亲板起脸，用一种不可抗拒的语气说："用什么办法随你，他如果不听你的话，你找我。"说完，母亲极具威严的眼神看向了我，我知道，自己这回是无路可逃了。

接到命令的当晚，大姐就认真地帮我分析我文科和理科存在的问题，然后比较我更适合走哪条路。当时，大家都开始学英语，而且每个人的起点都差不多，大姐最后决定让我也学英语。她每天下班回来给我上课，留作业。她对我说："你怎么玩我不管，但是每天我留的作业你必须完成。"大姐每天下班都要检查我前一天作业的完成情况，然后再讲新课，留新作业。

因为想玩，所以大姐布置的作业我都会想办法尽早完成，我一般是在早上就把该背的单词抓紧背完，然后就出去玩了，大姐回来前再抽空温习一下英语句法。晚上大姐回来，再跟她汇报，基本上我每次都能通过。慢慢地，我发现，背了很多单词和基本的句法之后，我对英语开始有一点儿感觉了，于是我信心倍增。就是在这个过程中，我发现自己在语言方面还是有一定潜力的，所以就越学越有劲儿了。后来，我开始借英语课外书看，把大姐英语教研室的英语杂志都借回家来看。看得多，积累得也就多起来了。再后来，我参加了高考补习班，遇到不懂的问题，我就问老师，可我提的很多问题老师也回答不出来。课堂上，遇到一些比较难的问题，老师还经常叫我来回答。在那个时候，我的自信就一点点增强了。1980年高考，我英语的口试和笔试成绩均是我们市里第一名。就这样，我顺利地考上了大学，毕业后，以优异的成绩留校做了一名大学老师。

下篇
我 与 孩 子

　　不论是学习还是做活动，总是有胜有败，有输有赢，父母怎么评价孩子是一门艺术。孩子本身不具备自我评价的能力，绝大多数孩子是靠他人对自己的态度和评价进行自我认知的。

孩子出问题，根源在父母

我有一个非常可爱的儿子，可我儿子的成长并不顺利，不是因为他不聪明、不肯学习，问题主要出在我对他的教育上。

因为自己出国留学的缘故，在我儿子五岁的时候，我就把他带到了国外。儿子的语言天分很好，英语学得很快，不论是日常表达还是演讲，能力都比同龄人高出很多。我看他英语学得这么好，就开始担心他将来会不会把母语给忘了。我希望他能全面发展，所以，就让他回国上小学。国内的学习竞争很激烈，刚一入学，他就显得比上过学前班的孩子"笨"一些，因为他的基础相对较差，也没提前学过课本。于是，我就让他拼命补习汉语和数学知识。刚刚补得差不多了，因为我要去英国工作，于是就把他带到了伦敦，进了英国的学校读书。这时，他又开始拼命地赶英文。好不容易英语程度跟同学相差不多了，我碰到了俞老师，在俞老师的建议下回国，到上海创办了上海新东方学校，于是儿子也跟我到了上海。到上海后，儿子的数理化程度又比同学差一大截，他又开始追，当他的学习成绩开始提升时，我们在加拿大的移民申请批下来了，走还是不走？家里开始了激烈的讨论，最终，我太太决定要到加拿大去生活，希望改变一下生活环境，为孩子未来在海外上大学做好充分准备。

到了加拿大，儿子的中文和理科在同学中还是不错的，但英文又赶不上了，他很痛苦，怎么自己总是不如别人？总是要追赶，要拼命？后来，我太太看我铁了心不移民，儿子英文也有问题，就对儿子说："我们还是回国吧。"回国后，儿子很快面对读初中的选择，我们把他送到了兰生复旦中学，但我发现，面对周围一个个成绩优异的同学，这回，他的文化课实在是赶不上了，每天他都在艰难中前行。

看到孩子整天焦虑的样子，我也很痛苦，我一遍遍地问自己：你到底想要什么？在儿子变得日益沉默、学习上差得越来越多的时候，我开始扪心自问。我不得不承认，孩子出现的所有问题，根源都在父母身上。因为我们什么都想要——既想让儿子接受西方教育，又不想让他把中文忘了。所以孩子在我们为他选定的几个目标之间来回摇摆，最后无所适从，他既没有朋友，也没有安全感。他经常想的问题是，怎样才能符合别人以及新环境对他的要求？每天放学他就把自己反锁在屋里，也不与他妈妈和我交流。我感觉到了问题的严重性，我害怕他这样下去会失去全部的自信，甚至得抑郁症。

于是，我和我太太下定决心，面对现实，从头开始。首先帮助儿子调整心态，鼓励他不要管别人怎么看自己，自己要做自己的主人；在学习上只跟自己的昨天比，只要尽力就可以；身心的健康最重要，成绩可以慢慢来，这也是建立自信的基础。我们鼓励儿子坚持在国内读完高中，但儿子如果高考有困难，也可以选择出国读大学，这样，儿子的压力就会减少一些。我找儿子谈话，表明我们对他的希望和态度，并开始切实地帮助他面对自己的问题，而不是与其他同学攀比成绩，经过一段时间后，他的心态才慢慢缓和下来，焦虑状态也逐步减少，脸上重新出现了久违的笑容，与同学的关系也逐渐开始建立了。我明白，这是他迈出了恢复自信的第一步。

对儿子教育的反思

这些年来，我一直东奔西走忙于工作，在这个过程中，我也在反思，我的儿子为什么从一个活泼伶俐的小男孩变成了一个畏手畏脚的中学生？从他爱学习到学习有困难再到不爱学习，我做错了什么？我总结了一下，自己对儿子的教育，至少有以下三点需要改进。

第一，不要过早地给儿子传授知识。

对孩子来说，"智力开发"不宜过早，包括对孩子读、写、算的训练。这些学业知识不符合幼儿的认知特点，孩子虽然可以用"鹦鹉学舌"的方式死记硬背，但并不能真正理解。因此，这种早教不仅不能促进他们的智力发展，还会使孩子对学习产生畏惧心理，降低对学习的兴趣，甚至挫伤其自信心。

第二，不要让孩子玩难度过大的游戏。我儿子从小比较聪明，所以，我给他买的玩具和图书都比较超前。和他一起做游戏时，也经常选择一些让他很难获胜的游戏，鼓励他挑战、挑战，再挑战。

现在想想，如果让孩子玩一个游戏，难度超出了他的理解能力，父母又不及时给予他细致的讲解，孩子就很难知道该怎么获胜。经常性地遭遇失败以后，孩子的感觉就会越来越糟糕，不用别人说，他就会产生自我怀疑。如果一个孩子在成长中很少得到"赢"的机会，就会对自己失去信心。最终，可能就会成为一个畏手畏脚、没有自信和安全感的人。

第三，不要给孩子太多的负面暗示。我经常对儿子说"真笨"这个词，尽管很多时候是无意的，甚至是带着爱意说的，可孩子接收到的就是"笨"的信息。有时，我还会有意无意地拿孩子与别人比较："你看人家丁丁多聪明！"有时，在朋友、外人面前还有意表现得很谦虚："我儿子不行，挺一般的，不能和那些好孩子比。"结果，孩子经常被淹没在这些负面的信息里，他就会接受"我很笨"这个自我定位。这个定位让他失去了争先的动力，他也学习，但他对自己的定位很低。当一个孩子深信自己很笨、学习能力不足的时候，他就会产生严重的自卑感和自我怀疑的心理，他在潜意识里就会产生一种"保护"主义——拒绝新的信息进入记忆库。结果，孩子就真的成了"学什么都学不会"的笨孩子了。

我记得有一个童话故事：一位美丽的公主，从小被巫婆关在森林深处的一座高塔里。巫婆每天都对公主说："你的样子丑极了，见到你的人，都会被你吓坏的。"公主相信了巫婆的话，害怕被别人嘲笑，偶尔看见塔下面有人经过，她也不敢求救，担心别人看见她会害怕。于是，她就日复一日地待在塔里，不敢逃走。直到有一天，一位王子从塔下经过，看到了貌美如花的公主，惊为天人。

王子几次要救公主出去，公主都不同意，直到王子明白了事情的缘由，找来一面镜子让公主看。看到镜子中美丽的自己，公主才意识到王子对自己的夸赞是真的，她对自己有了信心，于是与王子一起离开了囚禁她多年的高塔。事实上，我和很多父母一样，无意中充当了"巫婆"这一角色。

作为一个过来人，我有三个发现。

第一，重视孩子的早期教育。对于孩子的教育，特别是童年阶段的早期教育，父母一定要小心，尽量少犯错。父母不能觉得自己是家长就一意孤行，面对独生子女，我们都没有经验，所以，要有谦卑之心。哪怕自己的教育方法再好，只要发现这个方法不合适，就应该立刻改正，因为孩子的成长是不可逆转的，等孩子长大了，你想改，却错过机会了。孩子的成长是阶段性的，小学需要小学的方法，初中需要初中的心态。所以，我的经验是，如果不想让孩子畏缩，首先要让他多多体验成功的喜悦。从心理学的角度来看，当孩子获得了成功，体验到了成功的喜悦时，他们的大脑就会释放出一种叫"脑内吗啡"的物质，这种物质会驱使孩子去不断地重复这一快乐的体验。所以，对于孩子来说，"成功是成功之母"。

当孩子做游戏、玩玩具、做手工、参加竞赛或做家务时，父母一定要鼓励孩子大胆尝试。当然，父母还要适当加以引导，让孩子通过一定的努力体会到成功的喜悦。比如，当孩子跃跃欲试想帮妈妈洗碗时，不要嫌孩子麻烦，也不要怕打碎碗而拒绝孩子。不妨为孩子找个高度适中的凳子，给他戴上围裙、套袖，告诉他怎样轻拿轻放，怎样把碗冲洗干净。当孩子洗好一只碗时，大声夸赞他，孩子就会很快乐，会对自己的能力充满信心。

对小孩子来说，各种探索都是学习的机会，父母应该为孩子找一棵"矮一点的苹果树"，让孩子稍微踮起脚，一伸手就可以摘到苹果。一次次成功的体验会让孩子信心百倍、动力十足地向下一个更高的目标迈进。

第二，兴趣永远是最好的导师。凌志军在图书《微软小子的教育》里讲了这样一个故事：朱丽叶的儿子沃伦秉性聪慧，14岁就已完成了高中学业，可以直接上大学了。在这种情况下，大多数中国父母都会很自豪地叙述孩子有多么成功，而朱丽叶却不想让儿子马上就上大学，因为她想让孩子更多地享受少年时光，做他自己喜欢做的事情。于是，她与作者便有如下对话：

作者问："作为老师，你觉得成绩、兴趣、快乐、道德，哪个对学生来说最重要？"

她说："兴趣永远是第一位。没有兴趣，就没有了一切。有了兴趣，伟大的成绩便随之而来。"

作者又问："那么，作为母亲，你觉得什么对孩子来说最重要？"

这位母亲轻轻一笑，说："还是兴趣。我希望我的孩子有一个很快乐的童年。不过，兴趣还是第一位，有兴趣才有快乐。"

"兴趣是最好的老师。"相信很多父母都知道这句话，但大部分人对此却熟视无睹。如果你希望你的孩子越来越聪明、越来越爱学习，那就把激发、呵护、提高孩子对各种活动的兴趣提到日程上来吧。

第三，告诉孩子：失败了没关系。无论是学习还是做活动，总是有胜有败，有输有赢，父母怎样评价孩子是一门艺术。孩子本身不具备自我评价的能力，绝大多数孩子是靠他人对自己的态度和评价进行自我确认的。当我儿子进入高中以后，我已经想明白了这些事。所以，当儿子在学习过程中遇到困难或失败时，我会尽量让他明白，失败只是暂时的，没什么大不了，人人都可能遇到，勇敢和有智慧的人会从失败中吸取教训，继续努力。允许孩子面对失败，也是对孩子未来能够取得成功的一种信任。

孩子乖与不乖，取决于父母的态度

　　欧美国家的家庭教育和中国的家庭教育各有千秋，我个人倾向于各取所长，互相借鉴。欧美国家培养出来的孩子，从小独立性和自我保护意识都很强。我有一个美国朋友叫约瑟夫，他的孩子出生刚两个星期就自己一人睡一个房间了。而我的儿子三岁时还跟我的太太睡在一张床上。这样，孩子的独立性就慢慢被消磨掉了，或者说成长得更晚。

　　约瑟夫的孩子很小，但他不包办孩子的事，他很在意小孩子自己的感受，比如他怕孩子冷，出门前想给孩子加一件衣服，如果孩子表示不愿意穿这件衣服，他会立刻住手，把衣服装在包里带着一起出门。而中国的父母就会把孩子拉过来，强行穿上，嘴里还会重复着"宝贝，乖，要听妈妈话"之类的说辞。如果出门后孩子真的感觉很冷，需要加一件衣服时，约瑟夫就会把衣服拿给孩子，或主动帮孩子穿好，并不会为此抱怨个不停。

　　由此我体会到，做父母的要想把孩子教育好，首先要有自我调节的能力，要尊重孩子。有一件事我感受很深，我们总是说某某孩子听话、某某孩子不听话，但我发现，孩子听话与不听话，其实是父母对孩子的不同态度产生的不同结果，而不是说哪个孩子天生就是听话孩子，哪个孩子天生就是不听话的孩子。如果父母的方法用得不当，孩子就会变得越来越不听话。如果方法用对了，孩子就会越来越听话。当然，有些孩子天生就主动一点，自觉一点。在与儿子互动时，我发现：在我心情比较好的时候，我会有意识地与他聊天，鼓励他学习或关注一些社会现象，儿子在那一段时间就会表现得很好，也很听话；如果我偶尔因为身体不舒服或遇到什么棘手的问题而心情不好时，我就会在孩子面前表现得比较急躁，这时，孩子做事就会显得没有章法，心态不好，而且也容易发脾气。

其实，人与人的互动就是一个"场"的效应，各种情绪的出现都是一个你来我往的互动和回应。所以说，孩子听话与不听话，都伴随着父母的心态以及教育的变化而变化。发现了这一点之后，我在孩子面前就会有意控制情绪了。

让孩子有尊严地活着

儿子念高中时，我把他送到了一个美国人在北京办的国际学校。之前，我考察了很多高中，发现这所学校办学思想开放，教师对学生的管理也很人性化，觉得这里很适合我儿子。

进入到这所学校之后，我儿子果然开始改变了，首先是自信心提高了。他一直很喜欢体育，入学以后，他对体育运动的热情高涨，在一个90%都是美国学生的学校里，他居然加入了校篮球队，而且取得了很好的成绩，因此，脸上总挂着笑容，偶尔还主动跟我们聊一聊学校的逸闻趣事。而在这之前的中学，他是很少与我们聊天的，放学就把自己关在房间里，连吃饭都懒得出来，走路低着头，时常难以抑制地发火。我们知道他学习压力大，也很少对他要求什么，只能焦急地等待，不知道他什么时候才有好转。看到儿子的变化，我从心里感到高兴，忍不住问他："你怎么突然变得阳光起来了？"因为我知道他的成绩也并没有提高太多，他的喜从何而来呢？他说："这个学校的老师只看优点不看缺点，老师说我很聪明、进步快，虽然数学暂时不如别人，但我钢琴弹得比他们好，还说我的体能好，身体协调性特别好，有当体育明星的潜质。"

看着儿子一脸的笑意，我再次体会到了环境和教育对一个孩子成长的重要性。在儿子转学以后，我曾经主动去了学校两次，向他的老师介绍他的经历和现状，希望老师能多了解他、鼓励他。这位老师非常好，非常有爱心，她知道我儿子很讨厌数学后，就找我儿子谈话，对我儿子说："你的经历和别人的不一样，所以你不要跟别人比，只跟自己比，跟你的昨天比。"后来，这位老师经常找各种机会在班上表扬他，考试不及格也表扬。

我儿子进到这个学校后，第一次考试数学考了48分，第二次考了59分。考了59分怎么表扬呢？这位老师很智慧，她跟全班同学说，我们今天做一个减法，每个人用这次考试的分数减去上次考试的分数，把剩下的分数告诉我。结果，有的同学上次考95分，这次也考95分，一减，是0分。还有上次考了98分，这次考95分的，一减，变成了负3分。全班同学发现，得分最高的同学是11分，那个人就是我儿子。老师问全班同学："谁的进步最大？不管谁的分数高，只告诉我这次谁的进步最大？"全班同学异口同声地说："Ryan进步最大！"这句喊极大地鼓舞了我儿子的信心，他的荣誉感一下就增强了，整个人就像被上了发条一样，每天动力十足。

温家宝总理在政府工作报告中给我感触最深的一句话就是"要让每一个中国人活得幸福而有尊严"。我觉得，比上大学更重要的目标是让每个孩子有尊严地活着，这才是真正有积极意义的教育。

遗憾与完美

我儿子今年18岁，暑假就要去美国读大学了。他选择了体育管理专业，我问他怎么会想到学体育管理，他说美国的体育比赛很繁荣，是因为他们的体育管理机制很健全，在专业技术方面值得我们学习。而且，随着发展，今后国内的体育比赛会更多、更普及，未来会需要更多专业人士来做体育管理和体育明星的经纪人，所以，他想去学这个。我表扬他的想法很好，个性化发展也是我一贯的主张，不一定每个人都要去学工商管理，去学热门专业。

确定好要学的专业后，下一步就是申请学校了。在选学校时，我们费了一番周折。我儿子在高三下学期开始申请美国的大学。因为我知道儿子的成绩一般，所以我主动放弃了排名前30位的学校，没有申请，而是如实地把他摆在一个合适的位置上，我觉得这对他的成长也是有好处的。但我回家后，还是把中介人员的意思跟他说了，我说："按照你现在的成绩，你可能申请不到美国排名前30的学校，如果你希望能进好一点的学校，可能需要做一些其他方面的努力，你愿意接受吗？"他看了看我，说："你给我一天的时间，让我想一想。"第二天，他告诉了我他的决定，他说："我愿意接受排名不到前30的学校。"在儿子给我这个回答的那一刻，我非常感动，我觉得他真的长大了，有了自己的人生观和价值观。我说："那好，我听你的，但申请下来的学校可能会不尽如人意，你能接受吗？"他说："我能接受。"后来，他担心我因为他不能去好一些的学校读书而遗憾，还不断反过来劝慰我，他说："爸爸，你不是经常说，未来的职业发展和我自己的成长是一个长跑吗？也许我读的大学不太理想，但这不代表我这一辈子都差呀，读大学的时候我也可以根据自己的成绩考虑转学呀，等我考研究生的时候，还可以考一个好一些的大学，你不用为我担心的！"最后，我儿子被美国雪城大学录取。尽管没能进入美国排名前30位的学校，但雪城大学在美国排名50位左右，对这个结果，儿子还是比较满意的。在这件事上，我很感谢儿子的高中老师，他们给了我儿子很好的教育，这也说明，在中国同样可以接受到很好的教育。而正是因为学校和老师有一个核心的价值观体系，注重培养孩子诚信的品质、乐观的精神、健康的体魄，才有了我儿子在就读后精神状态和以前有很大的不同，一种很阳光、很友善的气息从他身上慢慢显现出来，这让我很欣慰，也让我对他的未来充满了希望。

教育孩子是我们一辈子的实践和思考，在教育孩子的同时，我们同样也在教育自己。

Chapter 5

教育孩子的时机不可错过，
家长要懂得取舍

王修文

　　于是我们经过认真思考，觉得赚钱随时可以开始，但教育孩子的时机是不可错过的，错过了他们的成长期，再想教育，就为时已晚了。

上篇

父母与我

    人们常说，"失败是成功之母"，但我觉得更多时候，"成功"更是成功之母。对大多数人来说，在他们前进的过程中，真正能给他们动力的往往是成功和自信。

从小种下梦想和善根

我出生在山东省青岛市崂山区一个叫午山村的地方。我的家庭是一个多子女的家庭，我有三个姐姐、两个哥哥，我排行老小。父亲在我五岁时就去世了，所以在我成长的过程中，父亲对我的影响很小。在我的记忆里，母亲非常勤劳，每天起早贪黑、忙里忙外，但家里的生活一直很拮据。

我父亲那辈儿是个大家族，父亲是长子，我有五个姑姑，不知为什么，姑姑们都和爷爷奶奶生活在城市里，只有我们家住在农村。每到过年，我的姑姑们就来乡下看我们，我发现她们的儿女，也就是我的表兄、表姐们，穿的衣服都非常漂亮。虽然那时我还很小，但这种差异对我的刺激非常大，我不明白为什么我家与姑姑家的生活差异那么大。我也希望将来可以进城生活，穿上漂亮的衣服，走在宽阔的马路上。

从小，我没有好好学习。母亲对我的学习成绩也没什么要求，但对我做人方面却一直要求很严格。当时，我们家里没有多少书籍供我阅读，母亲就经常给我讲故事。她不断地告诉我要积德行善，这些积德行善的观念伴随母亲的故事深深地扎根在我的心里。

我记得最清楚的是母亲讲的一个书生中状元的故事：从前有一个穷书生，在一家客栈打工，希望攒足路费，进京考状元。一天晚上，一个衣衫褴褛的老人想住店，可是已经没有铺位了。老人求书生给他找一个能坐一晚上的地方，书生不忍心拒绝，就给老人安排了一张简陋却干净的床铺。第二天，当老人结账时，书生却对他说："不用了，那是我的床铺。"原来书生给老人让出了自己的床铺，自己一夜没睡。一个月以后，那位老人又来了。原来，他是一位商人，两个多月前，在做生意途中突然病倒，花掉了身上所有的钱。途经此店求宿时，书生的举动令他十分感动。此次重回客栈，就是来给书生送钱谢恩的。书生拿到钱，信心满满地进京赶考，最终金榜题名。

这样的故事母亲讲了很多，都是圆满的结局，我很喜欢听。我的母亲自己就是一个经常做善事的人，不仅对亲戚邻里好，每次遇见那些衣衫褴褛的乞丐，都会把家里不多的馒头或烙饼给他们吃，有什么就给什么，从不吝惜。润物细无声，母亲的善行深深地影响了我。不知不觉中，我受到了母亲善良品德的深刻影响，从小就渴望成为一个积极行善的孩子。

有一次，我在村口玩，看到一个远道来投奔亲戚的小男孩，但他没找到亲戚，就在村口哭了起来。我主动帮他问了几个邻居，是否知道男孩亲戚的下落。邻居们告诉我男孩的亲戚搬到另一个村子去了。男孩决定去找，他可能觉得我值得信赖，就把随身带来的行李放在我家，让我替他保管，说找到后再来取，我答应了。男孩原本说第二天就回来取行李，可是过了三天也没回来。第四天他回来了，原来他被狗咬伤了腿，因为伤口发炎腿肿得像根树桩。

我就跟妈妈商量让他住在我家，管吃管住，直到他的腿好了再离开。当时我只是个小孩子，没什么境界和觉悟，只是耳濡目染了一些善良的行为，我就不自觉地去做了。当然，小时行善，我是希望将来自己会得到善报。现在，我努力行善，已不再是为了回报，而是因为心中希望对别人好、希望世界更美好。

梦想和善根，在我小时候就被深深植入我的生命中。回顾走过的人生道路，我发现这两者对我的不断成长作用巨大。比如，10年前我从美国回国，在俞老师的指引下，开创新东方基础教育事业，就是因为我认为中国的基础教育有太多需要提高的地方，我渴望用自己的所学为祖国的教育事业做出一份贡献，为人民做些好事，这是我内心深处的梦想。如果贪图生活上的享受与安逸，我在美国早已拥有了这些，为什么要回国？家人远在美国，现在我一个人在中国工作，常常感觉很辛苦、孤单，为什么我能坚持？骨子里，还是因为梦想和良善的支撑，因为自己有极强的事业心。

幼时培植的梦想和善根，对我的成长发挥了十分重要的作用，这在当时，是生活的无意为之。今天我们教育孩子，应该努力让孩子对生活产生梦想，努力培植他们的善根，我们可以采用多种方法，有意为之，使孩子内心生长出梦想和良善，使梦想和善良的品质成为不断鼓舞他们人生风帆的强劲之风！

大姐如母，姐夫如父

在我小时候，我们家生活很艰辛，姐姐们都很努力。我大姐比我大18岁，都说穷人的孩子早当家，大姐就是如此，她懂事、自立，像妈妈一样无微不至地照顾我。那个年代上大学很不容易，但我大姐的学习成绩很优异，她考上了中等师范学校，毕业后做了中学数学老师。我姐夫也是老师，他们俩对我的影响很大，因为从初中开始，我就住到我大姐家了。

在大姐家，我受到了良好的文化熏陶。特别是我的姐夫，他在行为方式和精神气质方面对我的影响很大。姐夫是65届的大学毕业生，很温和、儒雅，像亲哥哥一样给了我很多关怀和指导。他每天晚上都洗澡，在那个年代，我们北方人并不是每天晚上都洗澡的，而我姐夫无论天气多冷都坚持洗澡。大姐和姐夫也穿有补丁的衣服，但他们的衣服不管有多旧多破，总是洗得干干净净，穿着十分整洁。他们让我羡慕，也让我很小就明白，只要多干一点活儿，多洗几次衣服，每个人都能让自己更加整洁、漂亮。在这方面，我大姐和姐夫一直是我的榜样。我在国外留学时，很多同学和朋友看见我干净整洁，并且对人谦和有礼，都以为我是日本人。每每这时，我都理直气壮、充满自豪地告诉他们"我是中国人"，每次我都会为这样的回答感到骄傲，因为我给中国人挣回了几分面子。

现在很多人觉得我非常整洁、儒雅，以为是我在美国生活多年，受西方文化熏染所致。其实不然，是我的大姐和大姐夫在我的成长过程中深刻地影响了我。由此可见，孩子小的时候，我们给他们树立好的榜样，会深刻地影响他们的一生！

浪子回头金不换

我上小学时特别调皮，一直到初中都没有好好学习。大概是因为父亲去世的早，大家觉得我可怜，包括我的哥哥姐姐都很娇惯我的缘故。虽然我的学习成绩不好，但那时我特别愿意做好事，每天找机会助人为乐，一门心思希望自己当上"学雷锋标兵"之类的先进分子。

高二开学时，我大姐很郑重地和我谈了一次话，她说："很快你就要毕业了，你应该收心好好学习了。你并不笨，如果你用心，成绩一定会提高。将来你不可能靠推荐去上大学了，你必须参加高考，要靠成绩，靠自己的努力！如果你能考上大学，你一定会有很光明的前途。"这样的话对我有很强的说服力。姐姐总是在吃饭前跟我重复这些话，每次都给我带来极大的鼓舞。

于是我开始努力，但成绩迟迟没有起色。我大姐并不恼火，她耐心地对我说："凭我对你的观察和了解，与其学习你不喜欢的科目，不如改学新的科目。你改学英语吧，我看你在学英语方面很有潜质。"当时，我虽然没有把握能把英语学得多么好，但对学习英

116

语，我还是比较感兴趣的。我听从了姐姐的建议，放弃了不喜欢的理科学习，全身心地投入到英语的学习当中，经过不懈的努力，最终取得了很大的进步。我高考那年，考上了一个专科学校——淄博师专。当时该校在青岛地区招了十几名学生，我是其中成绩最差的一个，英语60分，刚刚过线，而我们班英语最高成绩是83分。到了专科学校以后，我彻底认识到了学习的重要性。在大姐的不断鼓励下，我用两年的时间把本科四年的课程全部学完，并且学得很好。那个时候，我特别疯狂，大姐说我是"浪子回头金不换"。大姐指着我的古文课本说："知道古人为什么说天道酬勤、天道酬善吗？因为勤和善都是人内在美好的一面，一个人要想成功，先要做一个品德端正的人。"这番话对我影响很大。

在专科阶段，我一直很勤奋，毕业的时候，我们那一年全校仅有三个人可以留校，而我作为外语系唯一一个获此资格的，可以继续留校教书。在那个年代教书是很了不起的，作为一名外语系教师，我甚感光荣。

我经常用自己的这段求学经历鼓励孩子们。我们新东方扬州外国语学校有些学生成绩落后，我就讲自己的经历给他们听，告诉他们：我自己曾经就是一个学习很差的孩子，但当我醒悟之后，当我懂得努力之后依然取得了巨大的进步，一切都不会晚。他们也一样，只要努力，也一定能变得很棒。

我特别感激我的母亲和大姐一直对我的支持和鼓励，最终换得我"浪子回头"，这也是我经常要求我们老师要做到的：不放弃每一个孩子，无条件地爱每一个孩子。不管任何时候，只要孩子愿意重新开始，一切都不会晚！很多孩子都特别需要这样的鼓励。

"成功"是成功之母

　　工作一年以后，我考上了山东大学助教进修班。能考上省里最好的学校，我很受鼓舞。当我拿到山东大学助教进修班录取通知书的那一刻，新的梦想在心中点亮：我要考山东大学的研究生。那时候，研究生很难考，一个教授只带一两个研究生，最多不超过三个，但我并不畏惧，勇敢地挑战自我。后来我虽然没有考上研究生，但当时的努力为我参加全省外语公开选拔考试并取得第一名奠定了坚实的基础。

　　拿到了选拔考试第一名，我并不知道自己会被安排什么样的工作。直到一天，校领导对我说："王老师，我们校党委经研究决定，派你到淄博一轻局，代表我们学校，我们市，代表我们国家，到英国、意大利去担任翻译工作。"领导表情很庄严，让我顿感使命神圣，那种感觉直到现在还记忆犹新。

　　接着，我出发到英国、意大利去工作。在英国和意大利担任了一段时间的翻译后，我又回到了祖国。不久，在1985年，我考取了淄博市中美友好交流项目，当时全市仅选四人，我便是其中之一。1986年，我赴美留学。

我回顾自己考大学、出国的经历，几乎是一系列的成功组成的。最初的成功提升了我的自信，激发着我向更高的目标努力迈进，由此带来更多、更大的成功。人们常说，"失败是成功之母"，但我觉得更多时候，"成功"更是成功之母。对大多数人来说，在他们前进的过程中，真正能给他们带来动力的往往是成功和自信。

正是基于这样的认识，在家中，在我们学校，我们都努力给孩子们更多成功的体验，这就是为了让他们树立信心，让他们更加努力。比如，举办一场比赛，我们会设法让更多同学得奖，让更多的孩子收获成功的喜悦。让孩子不断地成功，这是最有效的激励方法之一。

下篇
我 与 孩 子

　　很多时候，低处的峡谷更有价值和意义，那里
有更多的土壤和沉积，那里的土壤更肥沃，更利于
植物生长。对孩子来说，犯错误就相当于人生的峡
谷，虽是低处，但利于他们的成长和进步。

教育孩子的时机不可错过，家长要懂得取舍

做了父亲以后，在面对自己孩子的教育时，我发现我们这一代父母与上一代父母相比，有了很大的变化。一个本质的不同就是：过去我们的父母教育子女没有理论依托，他们只是感性地做一些事。只要他们认为对，认为是为孩子好，就要求孩子做，甚至不惜打骂孩子，也要迫使他们去做。他们是出于真诚的爱，但他们很少去想这么教育是不是对的，是不是真的有效果。而作为现代父母，我们在教育孩子时，既要有感性的力量，也要有理论的支撑。

我有三个孩子。老大在国内出生，但对中国了解得少，她从幼儿园开始就在美国上学。老二和老三在美国出生，我让她们回中国上过学。第一次一年多，后来又回来读了三个月，老二和老三加起来在中国学校学习了近一年半。老大虽然没有在国内正规的学校上过学，但是很多年来，每年夏天我都让她回来好好学习汉语，学习普通话。

我是第一代移民，刚到美国时很辛苦，缺少资金，也缺少学术

理论，一切都需要后天努力去争取。此外，我们还面临着怎么拿到居住资格的问题，所以必须勤奋努力，没有太多的时间教育孩子。在教育子女上，很多方面我都不合格，我做得比较合格的一面是自己不断努力，让孩子感觉爸爸是一个特别勤奋的人。在这一点上，我给她们树立了一个好榜样。

那时，我太太在美国开了一家餐馆，做得很成功，赚了很多钱。我在大学工作，业余时间到餐馆帮忙，我们俩每天没日没夜地忙，很少有时间好好地教育孩子。有一天我太太突然对我说："大女儿都上三年级了，我们却顾不上跟孩子们在一起，我们这么辛苦地干活，不就是为了孩子吗？可现在却很少能帮她们什么，这么做是不是得不偿失？"于是我们经过慎重的考虑，一致认为赚钱随时可以开始，但教育孩子的时机是不可错过的，错过了她们的成长期，再想教育，就会为时已晚。于是，我们毅然决然地把生意红火的餐馆转让掉，由我太太在家带孩子，我一个人负责工作养家。

十多年后，回顾当初的这一重大的人生决定，我们深感庆幸和自豪。如果我们还一直继续开餐馆，顾不了孩子，也许今天我们的钱会更多一些，但孩子一定没有现在这样优秀，亲人间的感情也一定没有现在这样深厚，而且失去的可能也永远无法挽回。

我在此讲述自己的这一人生重要决定和转折，是希望天下父母都能借鉴思考。对于绝大多数父母来说，孩子的成长教育是我们一生最重要的事，我们应该给予孩子最多的重视、投入更多的精力，这对个人、家庭和社会来说都有非常重要的意义。我们千万不能为了某些眼前看似重大的利益，而忽视了孩子的教育。某些眼下看似为"西瓜"的东西，和孩子的整个人生相比，和整个家庭未来的幸福相比，其实只是"芝麻"。时间不能倒流，教育孩子机不可失、时不再来，家长一定要懂得如何取舍。

让孩子从小爱劳动

　　劳动是人的安身立命之本，爱劳动的习惯必须从小培养。我们夫妻俩都希望孩子们喜欢劳动。孩子长到四岁时，我们就开始教她们做一些简单的家务。刚开始的时候女儿们并不买账，说自己是公主，和她们的芭比娃娃一样，都是"王公贵族"，劳动不是她们"贵族"应该干的事。当时我没有直接批评女儿，也没有说"人人都应该热爱劳动"之类的话，因为我觉得这种说辞不会让她们有所触动。所以，我决定另辟蹊径，从她们最喜欢的芭比娃娃入手。

　　大女儿有三个芭比娃娃，平时她把三个芭比娃娃都摆在窗台上，周围还堆满了芭比的衣服、鞋帽、小桌椅等玩具。三个芭比娃娃中，她最钟爱那个银发飘逸的芭比，其余两个金发的芭比就都成了沉默的陪衬，被冷落在一边。女儿经常抱着银发芭比娃娃玩，很自然银发芭比的头发和裙子总是最鲜艳和最亮丽的，而其他两个芭比一直灰头土脸地站在窗台的一角。我曾经多次提醒女儿，希望她能关爱一下另外两个金发芭比，可每次女儿的回应都很漠然。

我觉得这正是我教育她热爱劳动的好机会。万事开头难，如果我开一个好头，能够吸引女儿，女儿就会继续做下去，最后养成好习惯。于是，我先给两个金发芭比找来一个新家——一个可以挂在墙上的木质小书架，式样别致，分为三层，足够放得下女儿的三个芭比娃娃及其行头。女儿果然喜欢，我借机向她描述芭比入住新家后的场景，女儿拍手叫好，忙不迭地挽衣撸袖，准备给两个金发芭比"沐浴更衣"了。

剩下的事情便顺理成章，女儿的小房间随之焕然一新，她小心翼翼地呵护自己的劳动成果和她的三个芭比娃娃。这个开头比我预期的还要好。女儿从此渐渐养成了爱整洁、爱劳动的好习惯。这样，她在精神上是个贵族，生活中也成了一个践行者。

培养孩子爱劳动，不能停留在口头上，也不能渴求一蹴而就，要量力而行，逐步完善。比如在孩子四岁时，我们教她们浇花、刷牙、洗手；五岁开始教她们收拾自己的玩具、喂宠物、到大门口取回地上的报纸；六岁时让她们帮妈妈擦桌子，饭后把餐具放回厨房，把脏衣服放到指定的篮子里，自己准备第二天去幼儿园要用的书包和要穿的鞋子，收拾自己的房间（把乱放的东西捡起来并放回原处）；七岁时教她们使用厕所、铺床、换床单、准备餐具、饭后在父母的帮助下洗碗；上小学以后，就培养她们照顾宠物、帮大人洗车、擦地、清理洗手间、把垃圾箱搬到门口的街道上；到上中学时，教她们擦玻璃、清理冰箱、清理灶台和烤箱、做简单的饭菜、列出购物清单、洗衣服、晾衣服、收拾衣服以及修理草坪等。

由于从小开始培养孩子的劳动意识，我的三个孩子劳动意识和劳动能力都很强。她们不仅在家里勤做家务，在各种社交场合、实习单位等，也都乐于多动手，多做事，帮助别人，服务别人。因此，她们和别人总是相处得很好，很受大家的欢迎。从小培养的劳动意识和劳动能力，逐渐转化为她们的个人魅力和竞争优势。

令我感到很痛心的是，我们中国家长大多没有认识到劳动是将所学书本知识内化的一种更重要的学习，因此在教育孩子的过程中，普遍地将劳动和学习割裂甚至对立起来。于是，在中国，年级越高，孩子的劳动实践越少，临近中考、高考，便几乎只剩下书本学习。而在美国，年级越高，孩子们的各种劳动实践越多，到了高中和大学，劳动实践会占到大多数学生业余时间的三分之一以上，越是优秀的学生，越是投入更多的时间在劳动实践活动中。

以我的大女儿为例，过去的六个暑假，她都用来在不同的单位实习和工作。她在"希望工程"教过书，在新东方扬州外国语学校的国际英语夏令营做过助教；她在中央电视台、新东方总部、美国国会顾问团等多家单位实习过；她还在美国的一家敬老院做过志愿者，长时间帮助退伍老兵等。正是这些丰富的工作和劳动经历，充分地锻炼了她、提升了她。今年她大学毕业，顺利地进入华尔街的世界著名银行工作，其中有很多原因，我想最重要的一条应该就是她丰富的实践经历。

我们可以看到，将书本学习和劳动实践结合起来的教育，与只注重书本的教育，其实际效果差距巨大。我对这两种教育都有着充分的理解和认识，对这种差距感受尤深，在此，真希望我们中国的家长早日认知，把劳动作为孩子教育的重要性，让我们的孩子更健全地成长！

让孩子从小学会负责任

　　我太太花了很多时间研究教育，学习怎样教育孩子，她明白"授人以鱼"与"授人以渔"的关系，她总是有意识地教孩子做事的方法，而不是直接帮助孩子做事。我发现很多孩子到了十八九岁，仍然像个小孩子，而有些孩子十一二岁，就像一个小大人，为什么会这样呢？心理学家认为，其中最主要的差别就是责任感是否建立起来了。一个孩子一旦建立了责任感，他就会懂得对自己的事和家里的事担负责任。我和太太商量，我们家庭的教育目标首先要让孩子们有责任感。

　　在孩子长到四五岁时，我们就提供了一个属于她们自己的小房间，她们可以按照自己的想法去布置房间、按照自己的方法做事情，这个房间完全由她们负责。只要孩子自己能做的，我和太太都不会替她们去做。我们告诉孩子，每个人的责任是不能让别人代替的。

　　孩子责任感的建立，必须有一个重要的铺垫，那就是尽可能让孩子自己思考、选择、决定一些事，再让他们承担起相应的责任。出于他们自己的选择和决定，他们才更愿意、更能够担负责任。如果父母强加、硬塞责任给孩子，反倒不利于孩子成为对自己行为负责的人。他会因为是别人强加给他的责任而推诿、放弃。

我的二女儿在小学四年级的时候回到中国，在新东方扬州外国语学校学习了一年。大前年，她到了上初中的年龄，我计划让她再回到新东方扬州外国语学校学习一年。但我没有一味地命令她，而是和她协商，让她自己思考、决定，我们通过电子邮件、视频等方式联系多次，最终女儿还是没有听从我的安排，我也没能说服她，我只好放弃原来的计划。后来，过了一年，女儿经过反复思考，决定回到扬州学校再学习一段时间。在这件事上，我没有利用父亲的权威，要求她一定服从，而是尊重她的选择。我从心里觉得，要让孩子对自己的行为负责，首先那个行为必须真正是她们自己的，而不是强加的、被迫的。

让孩子从小学会与人相处

与人和谐相处是一种很重要的社交能力。如果跟自己家人都不能和谐相处，走上社会也难有和谐的人际关系。和谐是包含很多东西在里面的，比如说如何避免与别人发生冲突，发生冲突以后怎样去理解别人，怎样跟别人去沟通，怎样真心地去爱别人，怎样不把他人当作假想敌，等等。

在工作中，我经常听下属汇报，发现很多人在出现了冲突后，总是假设别人对他有不可告人的动机。这种心理会影响人的很多方面，比如，能力发挥、心理健康、思维模式等。要培养较强的与人相处的能力，需要从小训练，从小教育孩子要学习善待别人、换位思考，从小培养感恩和包容他人的心态。

我的三个孩子有很好的条件来学习彼此如何和谐相处。平时我们特别重视孩子之间的相处，要求她们一定要相互谦让、相互帮助、相互为对方着想。我们反复告诉她们，只有与家人相处好了，她们才能与其他人和谐相处。正因为我们的重视，我们的三个孩子相处得很和谐，她们对彼此的帮助很大，生活得很愉快。

我们的扬州新东方学校是全寄宿制，孩子们学习在一起、生活在一起，这特别有利于培养他们与人相处的能力。我们不断地引导孩子们要相互关心和帮助，要充满友爱。正因为我们的坚持，学校像一个和谐的大家庭，生活、学习在其中的孩子们，很好地学会了如何与人相处。

现在的学校虽然是一个集体环境，但是多数学校重点关注的不是人际交往，而是学习、考试。孩子们在这样的集体环境中学习、生活，交际能力常常得不到应有的培养和锻炼，有时甚至因为忽视而受到伤害。这就特别需要父母去为孩子弥补。现在中国的孩子又多是独生子女，父母应该考虑几个家庭进行一些联合，经常一起开展一些活动，给孩子们创造与他人共同生活、相处的机会。

生活富有与孩子优秀、成功与否没有必然联系

作为北京新东方扬州外国语学校的校长，学校所有学生的"大家长"，谈到"我与孩子"这一话题，应当讲讲我们学校的孩子。在我的心里，学校3700多名学生都是我的孩子。

说到这些孩子，我首先想跟大家分享一个观点：生活富有与孩子成功、优秀与否并没有必然的联系。现在很多人认为：当今孩子的种种问题，比如，任性、自私、不独立，是我们的生活条件太好造成的。实际上，这个看法并不合理。虽说当今中国的生活条件比三四十年前改善很多，可我们的生活条件再好，和欧洲、美国相比仍有差距。英国皇室的孩子，条件相当好，但是每一个皇室子弟从小都要接受严格的教育，长大后都发展得很优秀。

在我家里，我们有保姆做饭，但是孩子们不能把所有事都扔给保姆。在保姆放假期间，她们自己也要会做简单的饭菜，所以，不是有保姆做饭的孩子就必然不会做饭。很多没有保姆的家庭，父母怕影响孩子学习、怕孩子受伤，不让孩子学做饭，因此，很多孩子

十八九岁了还不会做饭。

在新东方扬州外国语学校，很多学生来自比较富裕的家庭。他们在家吃的、住的条件都非常好，他们在家如何我们很难改变，但在我们学校，他们与其他孩子在衣食住行等各个方面都是一样的，无论谁更富有，都绝对不可以随心所欲、贪图享受。

比如，从一年级开始，我们就要求学生洗自己的内衣和袜子，做一些力所能及的事情，孩子们也都很配合。逐渐地，他们要打扫教室和校园，每人有自己的卫生负责区或其他的集体事务。随着孩子年龄的增长，我们不断地让他们做些力所能及的事，他们的责任心和劳动意识，都得到了很好的培养。

近六年来，学校每年都会组织学生参加扬州半程马拉松比赛。跑马拉松有一定的风险，要吃很多苦，还可能会影响学习，但可以锻炼孩子们勇敢、自信、不怕吃苦等优良品质，这些都是从书本上学不来的。可喜的是，我们开展马拉松运动的六年来，全校几乎没有一名家长和学生有异议，很多孩子都积极报名参加。今年总共有1000多人参加半程马拉松赛，其中80%都是我校的学生。

我们用事实证明，孩子可以自立、自理，能够吃苦、坚持，能够挑战自我。关键是我们大人要给予他们机会，要重视培养他们的这些品质。

现在有些学校怕担责任，怕影响孩子学习，大量减少孩子的体育运动。有的学校怕孩子运动受伤，怕担负相关责任，甚至干脆取消了体育课。学校不举行运动会，平时不上体育课，更别谈课外运动了。这些学校会为此找种种借口，他们说独生子女太娇气、脆弱，实际是他们害怕自己承担责任。

由此可见，现在的很多孩子怕吃苦、怕承担责任、动手能力差等不足，不是生活条件好导致的，而是家长、学校的某些错误做法导致的。明白了这一点，家长朋友们就该明白，孩子如果没有教育好，不是环境的问题，而是我们大人的原因，我们应该从改变自身的做法开始，努力用更正确、更有效的方法教育孩子。

教育孩子要有耐心，孩子犯错要高兴

　　教育孩子就像农民种地，你在地里播下一粒种子，不会立刻发芽结果。有些简单的东西可能一两天就有效果，但很多深层的东西，需要三五年甚至更长的时间才能初见成效。比如，孩子的性格、习惯、价值观等，这些需要很多人有耐心地去播种、培养。这些不是什么高难度的东西，而是实实在在的教育。你没有耐心，就会粗暴急躁地拔苗助长，伤害孩子的自尊心以及与孩子之间的感情，就会使孩子产生自暴自弃的心理，明明孩子还大有希望，你却觉得没希望了……并由此做出很多不好的行为。这样怎么能教育好孩子呢？

　　教育孩子要有耐心，这是我们基本应该做到的。有时候看到学习成绩不好或者行为习惯有问题的孩子，我不但不会厌恶他，还会加倍引导他。因为我看到这个孩子的背后是不会教育的父母和老师们，是他们的错误方式造成了这样的局面。

　　很多家长找我咨询教育孩子的问题，我都引导他们和我一起耐心地处理问题，就像医生诊病一样跟他们谈：教育好一个孩子不难，孩子是环境的产物，父母的教育方法、行为模式与子女的成长有着必然的关系。父母什么样是因，孩子什么样是果。因此，每个父母一定要种好因，才能让孩子结好果。

教育孩子有耐心的重要体现之一就是正确对待孩子犯错误。不论在我家里还是在新东方学校，我都提倡一个重要思想：孩子犯错误，家长和老师要高兴。

人们都喜欢站在山峰上，居高望远，一览众山小。但很多时候，低处的峡谷更有价值和意义，那里有更多的土壤和沉积，那里的土壤更肥沃，更利于植物生长。对孩子来说，犯错误就相当于人生的峡谷，虽是低处，但利于他们的成长和进步。人在犯错误时，能静下心来反思，对可持续发展非常有利，也是持续发展的坚实基础。孩子犯错误之后，父母要帮他分析，问孩子问题，让孩子去思考，而不是一味地批评孩子。我们很多家长特别喜欢下结论，遇到孩子犯错误，常常武断地批评孩子"不是学习的料""这也不行那也不行"等，这样会严重伤害孩子的自尊心和自信心。

我特别佩服我的博士生导师，在我读博期间，他带了我三年，在这三年里，我从来没有听过他对问题武断地下结论。他会提出很多问题，让我自己去思考、去总结。即便面对我的错误，他也是如此。这样的教育方法使我从自己的错误中学会了思考，收获了成长，受益良多。

孩子犯错误后，如果父母或老师总是指责、批评他们，孩子就不敢做事情了。孩子的标准和成人的标准不一样，而且正确与否，一定程度上是相对的。不管从哪个方面来讲，我们都应该为孩子犯错误而高兴，因为这给我们提供了帮助他们的机会，给孩子提供了成长的机会。我们要鼓励孩子，避免下一次犯同样的错误，让孩子从错误当中学到经验教训是最重要的。

我的心目中没有什么不好的学生，因为我小时候学习很差，但是我的母亲和姐姐都给了我足够的鼓励和耐心，让我慢慢改变、成长，我才有了今天。如果当时她们放弃我，很难想象我今天会是一个什么样子。我们每个人都可以好好想想：我们走到今天，在我们的人生道路上犯了多少错误？如果我们自己都犯了很多错误，有很多不完美，我们为什么不能耐心地对待孩子的错误呢？

在课堂上，只要孩子举手要求发言，即使他的发言错了，也没关系，我们还是要表扬。因为他肯参与，这才是最重要的。孩子好心做了错事，我们更应该鼓励他的初衷。孩子努力了，如果还没有达到预期的效果，我们就告诉他们水已经烧到90摄氏度了，只差最后一把火。孩子在某些方面努力很多，但就是没有成效，我们就告诉孩子：每个人都有优势和劣势，非常努力还没有成功，说明那是我们的劣势所在，我们可以考虑避开它，人生最重要的是发现自己的优势，发挥自己的长处……

人生的进步，是通过一级一级台阶向上提升跨越的，而很多错误就是这样的台阶，它们有助于孩子实现提升和跨越。明白这个道理，当孩子犯错误时，我们很自然地就会高兴，并且耐心地看待孩子的错误，引导孩子从错误中获得学习和成长。

鼓励孩子多一些实践和经历

教育孩子需要学用结合，也就是不仅要让孩子学习书本上的东西，还要让他们多实践。这就好比人需要吃饭，也需要消化。如果只吃却不消化，最后不仅不能长身体，还会有损健康。我国目前的情况是学生的书本学习任务较重，实践教育较少。在这样的情况下，让孩子多实践显得格外重要。

在我的家庭教育里，我总是努力让我的孩子们多一些生活体验。她们在家里做力所能及的家务活，自己的事自己做，这本身就是一种劳动实践。我还让孩子们经常到美国不同的文化圈中去生活和体验，让她们回中国来体验多种生活。比如，我让她们在中国的学校学习一段时间，到中国不同的地方参观游历。我带她们去往陕西的新东方希望小学，和那里的孩子进行手拉手活动。我带她们到过四川震区，亲历震后重建，和那里的孩子进行爱心活动。这些经历都对她们产生了巨大的影响。

在新东方扬州外国语学校也是如此，我们非常注重实践教育。

我们的孩子回家，不仅有书本作业，还常常需要完成"爱心"作业，为亲人做一些力所能及的事，表达他们的爱心。学校开展很多活动，为孩子们提供了很好的实践和体验机会。比如，我们每年会举行节日系列活动，组织开展马拉松比赛、足球小甲A联赛、校园吉尼斯，以及各种各样的文艺活动和夏令营等。这些活动给孩子们提供了实践的机会，让他们更健康地成长。

努力告诉孩子事实的真相

我当年去国外之前，心里还想着怎么提高国内教育水平，可到外面一看，情形完全不同——我们从淄博到北京，感觉一个是天、一个是地；从北京到香港，又是一个天、一个地；从香港到伦敦，也是一个天、一个地。那个时候我特别敏感，几天的时间让我有了之前从没有过的疑惑。为什么学校里的老师说的和报纸报道的，与我看见的不一样呢？我不知道这是为什么。

后来我渐渐地明白，这是由于那时我们的心态不够自信，我们的文化里有一些限制性的因素，所以，我们不能客观、全面地接纳国外的一些事物。受到这种观念的影响，我们的学生接受的也是碎片式的教育。这种教育的后果，让我花了很多时间和精力去拼贴形成自己的世界观，让自己的内心世界逐渐调整到与客观现实相统一，这是一个很痛苦的过程，需要很长时间才能适应。

片面的教育会让孩子们在走向真实生活时对一切产生怀疑，内心扭曲，无所适从。然而，不告诉孩子真相，不教孩子自己思考、求证，仍是许多国家教育的现状之一。这对我们的孩子非常不利。明白此理的父母和老师，在教育我们的孩子时，要尽量给他们讲真相，因为了解真相是孩子们的权利，教育者本身不仅要有足够的自信和包容，还要真正对孩子的一生负责。

发现、培养孩子的爱好和兴趣

每个孩子都是千里马，父母觉得自己的孩子不好，很可能是因为你们不是伯乐，看不到孩子的优势和潜力。只要父母、老师有爱心、有方法，给孩子一定的时间和一个良好的环境，孩子就会慢慢展开自己，让天赋显露出来。在很大程度上，孩子的天赋就体现在孩子特别的爱好和兴趣上。

上海有一所民工子弟学校，他们在发现和培养孩子爱好方面的做法非常有借鉴意义，值得我们参考。该校把学习成绩不理想的学生组织起来，按他们的爱好分成不同的兴趣小组：有拍电影的，有搞电脑的，也有做木匠的，还有学种地的……孩子们可以自由地选择去任何一个他们感兴趣的小组。在小组里，老师引导学生：爱玩电脑游戏的可以学习用电脑学习股票投资；喜欢主持节目的可以跟学校请来的主持人志愿者沟通交流；有的孩子不喜欢学习课本知识，学校就在一些操作性的工作中培养他们的技能，比如做烧饼、拉面……对比目前中国的教育模式来说，这种做法虽然有些少见，但他们的方向是对的，那就是着眼于孩子的兴趣爱好，让每个孩子都能学到自己感兴趣的知识，都能获得成果，并有成就感。

发现兴趣爱好的好处是使人有不断投入的热情，有持续的快乐和动力。在万千资源中，爱好是一种巨大的心理资源。有多少父母、老师把对孩子爱好的培养与应用放在第一位呢？爱好不是单一的，比如一个孩子爱玩游戏，至少意味着他对电脑、软件、游戏设计有可能产生兴趣，在某种情况下，可能触发他的特别关注，形成专门的职业发展道路。当我们发现孩子的"爱好"这种特别资源时，就解决了他个人发展的动力问题，明确了孩子的发展道路与目标问题。

我经常跟孩子们讲聚焦的道理，很多事情只要方法得当、合理聚焦，就会发生变化。正常情况下，草在太阳底下是燃烧不起来的，但是把阳光通过凸透镜聚焦，就可以让草燃烧起来。学习也是同样的道理。那么，具体应该怎样聚焦呢？爱好和兴趣，就是孩子的聚焦点。努力发现、发挥孩子的兴趣爱好，这点至关重要。

融合中西方教育之精华

我在美国读了有关教育学的两个硕士和一个博士学位，又在美国工作和生活多年，深受西方教育理念的影响。但我在中国做教育，不能脱离中国实际，否则，在应试教育的大环境下，学校连生存都困难，更别说发展。现实促使我在适应中国应试教育的基础上，尽量做出改革，引进西方教育中好的理念和做法，将中西教育的精华融合。事实证明，这样做非常有效。

2010年12月揭晓的一份全球65个国家（地区、城市）学生学业表现的研究报告显示，在所有科目（数学、科学和阅读）中都处在最拔尖位置的是上海学生，综合排名依次位列第二至第五位的是中国香港、新加坡、韩国和芬兰。其中美国学生在阅读方面的表现位居第15位，在科学方面位居第23位，在数学方面位居第31位。在报告中，作者克里斯托弗提到，排在第一的上海并不能完全代表中国，因为上海拥有中国最好的教学资源。作者还去调查了条件水平相对较低的中国农村学校，在作者妻子的故乡——中国南方一个非常贫穷的小村庄。然而令作者吃惊的是，比起他就读于纽约最好的公立学校的孩子们，这里的农家子女的数学水平要高出好几个等级，由此，他相信中国的数学教育达到了一个很高的水平。

但是，让克里斯托弗诧异的是，中国人对自己的学校教育并不满意，他听到的抱怨远多于赞扬。很多中国人责备基础教育扼杀了孩子们独立思考和创新的能力，羡慕培育独立精神的美国教育。他的一个广东朋友直言要将自己的孩子送到美国去读书，理由是本地学校是"创造力的杀手"。他的另一个中国朋友则把儿子送到一所国际学校就读，目的是逃避所谓的"封闭式培训项目"。

作为一个父亲、一个教育工作者，我同意大家对中美教育比较后得出的普遍看法，即中国的学生基础知识扎实，但缺乏创造力；美国的学生富有创造能力，但基础不扎实。因此，很多人呼吁，将这两种教育优势结合起来，让孩子得到最好的教育。

不同的教育训练了人们不同的大脑机能，不同的学习过程形成了不同的脑神经网络结构，而不同的大脑特征又决定了不同的思维方式与行为方式。被动式的、重复式的训练（中国教育模式），与主动式的、探究式的学习（欧美教育模式）所形成的脑神经网络结构不同，从而导致中美学生不同的思考习惯和行为方式。中国学生善于熟练解决特定类型的问题，完成既定工作；美国学生善于灵活多变地思考，不断涌现创意，善于运用求异思维，喜欢标新立异。

那么，如何在适应中国教育现状的前提下，也尽量让我们的孩子有一些西方孩子主动、灵活、创新的特点呢？我想对年轻的父母们提以下几点建议，希望在你们力所能及的范围内，使孩子趋于完善。

1.适当减少重复训练。面对今天的升学考试形式，重复性解题训练是必不可少的，但要把握好尺度。过度的重复性训练会形成思维定式，不利于培养孩子求异的思维能力，不利于终生的多样化发展。重复练习少了，孩子就有时间和精力进行更多不同的、广阔的学习。

2.倡导主动学习。主动学习有利于形成具有不同结构的大脑，决定不同的思维特质。家庭教育的重点不仅是监督辅导孩子学习，更重要的是激发他们学习的主动性，变"要我学"为"我要学"。

3.培养孩子的创造力和探究精神，尤其是培养"为了探究而探究""为了创造而创造"的热情。从某种意义上来讲，培养孩子的创造能力，不仅仅是培养技能，更重要的是培养态度、精神和价值观。

4.让孩子参与丰富的活动。丰富的活动为大脑的发育提供多样化的信号刺激。大脑在接受相同的信号刺激后，构成的神经网络是相近的；接受的刺激越不相同，构成的神经网络的差异就越大。经常接受不同的刺激，大脑的神经网络就更丰富、接受能力更强。

5.通过大量阅读，拓宽孩子的知识面。目前，中国教育的知识结构过于"狭窄"和"致密"，教育应当提倡"留白"的艺术，为孩子留有适当的拓展思考的空间。大量阅读，可以为孩子铺垫宽广但不过于致密的知识基座，这更有利于激发孩子发现和创造的热情及能力。

西方教育以能力培养为主，中国教育以知识灌输为主，我们需要将两者进行结合，并且更偏重于能力的培养。父母要尽量吸取中西教育的精华，努力弥补我国基础教育的不足，使我们的孩子茁壮、全面地成长。我认识一些家长，他们很明智，很懂教育。他们对孩子在学校的学习成绩要求不是很高，尤其是在小学阶段，孩子能考个中等偏上的成绩，他们就很满意。他们不要求孩子为了得到高分过分地重复练习，他们鼓励孩子多看课外书，培养孩子多种爱好，让孩子多做事，拓宽孩子的知识面，活跃他们的思维，增强他们的能力。他们的这种教育方式，和偏于单调、被动、重复的学校教育形成互补，有利于孩子的全面发展。这样的孩子，越往后发展潜力越大、优势越大，因为他们的综合能力强。到了初、高中，他们常常越来越出色，学习成绩大多能很容易地走在同龄人的前列。未来走上社会，其优势就更不必说。

为孩子的一生着想，最简单的做法，就是一定要放眼未来。未来的生活需要什么，我们现在就开始培养孩子什么。这样，孩子的一生才能立于不败之地，不断地收获成功和幸福。那种认为现在先倾尽全力应对考试，社会需的那些能力将来再说的想法，大错特错，极有可能误了孩子的一生。

家长虽然不能选择时代，也很难选到完全理想的学校教育，但是可以通过选择正确的教育孩子的路径和方法，选择通过自身的努力学习和正确行动，让孩子更全面地健康成长！

Chapter 6

遇见孩子，遇见更好的自己

周　佳

　　正是因为孩子的到来，强烈的母性激发了我处理突发事件的潜能，强化了我的危机管理能力，让我的内心变得坚强而柔软，我的家人和同事也因为我的变化而间接地成为受益者。

上篇
父母与我

　　我和弟弟在和睦的家庭环境中健康快乐地成长，奠定了我们健康健全的人格基础，成为我和弟弟一生最为宝贵的财富。

优秀的父母，是孩子幸福的根源

女儿出生后，我作为一个"新手"妈妈，意识到父母对孩子的影响是超过任何人的。于是，我再次回望自己的成长历程，为自己拥有世界上最优秀的父母而感到自豪，他们的一言一行都深深地影响了我。

我在读研究生时就开始担任本校本科生的老师，毕业后，也自然而然地选择了教师这个职业，这些看起来很自然的选择，都来自父母潜移默化的影响。

我的父母都是教师，他们相继在中学、中专、大学从教多年，具有丰富的教学经验和实践经验。相对于同龄人，父母更懂得如何为孩子营造一个良好的成长环境，如何帮助孩子树立正确的人生目标以及如何培养孩子良好的品格。

特别是父母在自己的工作上都做得非常成功，他们在工作单位中是体育运动代表队的主力，并多次获得"优秀教育工作者"的称号。凭借辛勤的劳动和敬业的精神，妈妈不仅是优秀的班主任，还是人大代表，她那优质的观摩课为所在学校带来很多的荣誉，甚至成为当地教育的典范。听妈妈的学生说，有一次妈妈做完阑尾炎手术，还没有拆线，就偷偷地从医院跑出来给孩子们上课，好多孩子主动要求站着听课，把凳子让给他们最敬爱的老师。不过，更令我敬佩的还是妈妈敢于挑战自我的勇气。有一年，学校将成绩最差的班级交给妈妈负责，让她担任班主任，正当周围的同事建议她慎重考虑时，妈妈毅然决然地接受任命，令同事、领导感到惊奇的是，妈妈只用了一个学期的时间，就使学校最差班级转变成为"全校优秀班集体"！

爸爸作为到内蒙古插队的北京知青，完全没有"北京人"的架子，深深扎根于内蒙古大草原，在工作之中经常打破陈规，创新不断，赢得在校师生的认可，办公室里挂满了锦旗和奖状。他们一辈子做教育，兢兢业业，受到学生的高度评价和尊敬，为我树立起人生的榜样。

从记事起，我和弟弟都过着富足、快乐的家庭生活，我们沉浸在浓浓的亲情和温暖之中，每天被父母所散发出的满满正能量所包围。我和弟弟在丰富多彩的家庭生活中健康快乐地成长，奠定了我们健康健全的人格基础，成为我和弟弟一生最为宝贵的财富。

父母是我和弟弟全面发展的榜样，无论是工作，还是家庭，他们都成了周围同事的楷模，我们为有这样优秀的父母感到骄傲、幸福。我想，作为父母，无论挣钱多少、地位高低，为孩子树立榜样，才应该是为人父母一辈子追求的目标，以及所需承担的责任。

父母不仅是孩子的第一任老师，也是孩子人生的榜样。作为父母，要成为孩子的引导者，帮助他们着眼未来，走上属于自己的人生道路。要想成为好的引导者，父母必须首先考虑自己的人生目标，无论从事哪种职业，一定要不断学习，持续进步，才能成为孩子的榜样。

有原则、立规矩，让我受益终生

美国著名"家庭治疗大师"萨提亚认为，一个人的性格和他的原生家庭有着千丝万缕的联系，而这种联系，有可能影响他的一生。俞敏洪老师说："家庭教育对一个人的成长至关重要。我继承了父亲的宽厚，又从母亲身上学到了坚韧不拔、锲而不舍的精神，是昔日的苦难和磨砺，把我锻炼出来了。"同样，我从父母那里也得到了很多的东西，他们是我能走到今天并继续走下去的精神动力。

当前以培养具有国际情怀的人，以认同人类共有的博爱精神并承担守护地球的责任，以帮助开创一个更美好、更和平的世界为目标的国际文凭（IB）教育项目列出了十大教育目标，其中非常重要的一项就是"有原则的人"，即让孩子为人正直、诚实，有强烈的正义感，尊重个人和集体，让他们对自己的行为及其后果承担责任。虽然在父母那个年代，IB教育理念还没有推行，可父母用以身作则的方式让我成为一个有原则的人，让我敢于承担自己行为所带来的后果。

俞敏洪老师曾说："教孩子自控须立好规矩，在家庭教育中，要把握好爱和规矩，自由和纪律之间的平衡。"父母在我和弟弟小时候就立规矩，要求生活有规律，学习、生活、娱乐兼顾。每年寒暑假，父母都会为我们姐弟俩安排详细的假期生活，为我们制订详细的写作业、学习演讲、朗诵课本以及户外体育锻炼计划。至今让我难忘的是寒假，放假期间我和弟弟都没有睡懒觉的"特权"，早上6：30起床，锻炼、跑步。刚开始我们都不想起，还和父母争辩，但父母依然坚持，他们陪着我和弟弟一起早起锻炼，数年的坚持，让我和弟弟学会了如何使自己的生活更有序。正因为如此，我受益很大，在工作中，凡事都要合理规划好，考虑周全，使我成为同事们眼中"有计划""思维缜密"的人，也让我在工作中脱颖而出，一步步走向更辉煌的人生目标。

小时候，因为我长得很可爱，人见人夸，妈妈怕我受到影响，特别注重对我这方面的教育和引导："女孩子最不应该虚有其表。"

有一次，我拿着考了第一名的试卷在妈妈的同事面前炫耀，妈妈当时并没有夸我，而是冷静地说："成绩是你自己努力的结果，跟别人没有关系，没有必要在别人面前炫耀，当学生考好成绩是本分，就像妈妈做好老师是应尽的职责一样，人一旦存了虚荣之心，就不会踏实做事了。"那时我还很委屈，别的老师也说："这么好的孩子怎么还要这么严厉呢？"随着时间的推移，我牢牢记住了妈妈的教诲，一直踏实做事，直到走到今天。平时妈妈也不让我花枝招展地打扮，但一定要讲卫生，有礼貌。

　　身教重于言传，父母的一言一行孩子都看在眼里，也成为孩子学习的榜样，我的父母在这一点上是做得非常好的，直到今天，他们依然是我和弟弟学习的楷模。妈妈同样也是她的兄弟姐妹的表率，一直担负着照顾姥姥的重任，直到姥姥去世，妈妈从来没有半句怨言。由于妈妈照顾姥姥较多，我跟姥姥的相处时间也相对较多，跟姥姥也特别亲，她逢人就说妈妈孝顺、为自己做得很多。这些都深深地印在了我和弟弟的心里。妈妈是我眼中优秀的教师、孝顺的女儿、负责的母亲，妈妈的榜样形象，深深地影响我的一生。

家庭体育，让我身心更加强大

生命在于运动，可在一些父母的印象中，爱运动的人大多四肢发达、头脑简单。很多父母也因此过于注重孩子智力、学习的发展，而忽视了孩子综合素质的提升。每当看到类似大学生跑步猝死的新闻我都感到非常心痛。虽然现在有些家长已经意识到孩子需要一个好的体质、好的运动习惯，也报了很多的体育兴趣班。可更多的家长还是把注意力放在提高孩子的学习成绩上，甚至一些家长报体育兴趣班不是以孩子的兴趣出发，而是为了迎合学校的招生政策。更加让人感到无奈的是家长们自己躺在沙发上看电视，却让孩子去运动，这种"宽以待己，严以律人"的态度很难让孩子真正喜欢上运动。

其实，热爱运动和体育锻炼的人除了拥有强壮的体魄外，性格也会变得开朗、有韧性，面对挫折、压力时能轻松应对，但要让孩子从小就有体育锻炼的习惯，需要父母的表率。

在体育锻炼方面，我家有充分的话语权，父母都是体育运动高手，无论是篮球、排球、足球、羽毛球、乒乓球，还是游泳、滑冰、田径，样样精通，尤其是父亲，更是体育全能高手。每年的单位运动会，父母总是囊括所有体育项目的第一名，每次运动会后，我们家都会多了一大堆奖品，我们小时候周末不是去公园玩，就是参加各种体育锻炼，周末从没有睡过懒觉，父母陪着我们一起奔跑、做操、跳跃，训练得一丝不苟，父亲规范我们做标准动作，使我和弟弟从小就受到非常严格的体育训练，从而体能也得到了很好的发展。我记得为了培养我们的篮球兴趣，父亲组织学校的同龄孩子一起训练打篮球，不仅我和弟弟的运动水平得到了提升，其他孩子也受益匪浅。

练滑冰，学游泳，父母更是一遍一遍地示范，讲解动作要领，我和弟弟从小学到大学都是体育十佳，游泳水平常常得到别人的称赞，此外，我还获得过内蒙古大学生十佳。

我和弟弟的全面发展，得益于父母的辛勤付出，当我慢慢长大，才明白在那样一个年代，能有多少家庭会像我们家这样从小注重孩子体育方面的栽培？我们的成长承载了父母多少的艰辛和付出，才成就了今天的我们，这是比天大比地大的爱！

每当回忆起爸爸妈妈和我们一起奔跑在跑道上，一起活跃在篮球场上，一起畅游在游泳池里的情景，我的心就暖洋洋的，他们耐心地陪我们成长，也让我们目睹了父母相亲相爱、志同道合的幸福。父母的爱是我们成长的沃土，他们是我们一生的良师益友，直到今天，我们仍然经常和父母一起聊天，消除内心的烦恼，寻找快乐生活的目标。

家风传承，我们一直在成长

父母在生活中相互扶持，共同制定培养孩子的目标，并且在执行的过程中，能够持之以恒，融洽默契。我们家的家庭氛围因此非常和睦，充满了温暖。

小时候，社会文化资源较为匮乏，除了教科书几乎没有什么课外读物，但是只要能买得到的书，父母就会毫不犹豫地买回家，且不厌其烦地反复读给我们听。听爸爸妈妈说，小时候为了教我们认字，他们把纸箱剪成小方块，一面写字，一面写拼音或画图，自己做看图识字卡，到木匠那里要来各种木头边角料，给我们做成不同的积木、几何图形学习，那时，爸爸妈妈总会因地制宜，就地取材，所以我和弟弟的学习生活丰富多彩。

在那个读书无用论横行的年代，读书和学习是我们日常生活中不可缺失的一部分，父母白天上班忙，晚上回家还要读书给我们听。后来上了学，好的文章、好的段落妈妈都要求我们大声朗读，甚至整段背诵，以至今天我和弟弟都有很好的口才。现在大家都在提倡终身学习，坚持读书，坚持学习，以适应快速发展的社会，时至今日，妈妈都快70岁了，依然坚持每天读一两个小时的书，她这样与时俱进，让我不敢有一点懈怠，如果哪天妈妈聊的热点话题我却不知道，岂不是很没面子？

现在我自己也有了孩子，无论每天有多忙，我都会抽出时间在孩子睡觉前，给她读绘本、讲故事。现在孩子虽然还不到三岁，可已经能感知故事、色彩，更重要的是在这种陪读绘本的过程中，我和孩子建立起良好的亲子关系，给予孩子自信，培养起孩子阅读的习惯和勇于探索的精神。我正在把父母给予我的优秀品格，一点点地传授给我的孩子。

古语云"读万卷书不如行万里路"，可对于大多数中国人而言，旅行依然不是一件说走就走的事情。直到前些年火爆的综艺节目《爸爸去哪儿》让中国的家长们意识到旅行对孩子成长和教育的作用，越来越多的父母也开始带孩子外出旅行，当越来越多的人开始谈论亲子游时，我心底都会感激父母过去在有限的条件下尽力带我和弟弟外出旅行，同时，也被他们超前的教育眼光所折服。

走出书本，亲密接触大自然，每年寒暑假的家庭旅行成了我们家的特色。那时，父母每个月的工资才几十块钱，他们平时省吃俭用，节衣缩食，每到寒暑假，都会带我和弟弟出去旅行。听妈妈讲，小时候有一次带我们去看大海，站在一望无际的大海边，听着震耳欲聋的大海波涛，我和弟弟被吓得哇哇直哭，心里充满了恐惧。妈妈鼓励我们不要害怕："大海有多宽广，人的心胸就应该有多大。"那时，我还不太理解这句话的含义，但是慢慢地，我们真的爱上大海、深深地喜欢大海，更希望自己能做一个像大海一样心胸宽广的人。

那时父母带我们爬山，从来不许我们半途而废，要求我们一定要登上山顶，常说登的高才能看得远，没有付出哪有回报。我和弟弟还不到四岁时，有一次竟然一次走了十几里的路，可想而知是怎样的锻炼呀！游山游水不长志，观景观物长知识。那时虽然没有舒适的卧铺、飞机，有时候甚至连硬座也没有，但父母仍然带着我们进行有意义的旅行，使之成为我和弟弟每年都期待的事情。每每回忆起来，快乐、充实、难忘的回忆充斥着我的脑海，感谢父母让我们早早地接触大自然，接触外面的世界，学到了很多书本上没有的知识，开拓了我们的视野，陶冶了我们的情操，让我们性格健康、乐观，使我们的成长更加充实。

为了让我和弟弟有更加充实的内心，父母为我们在少年宫报了音乐班，让我们学习唱歌。那时候，少年宫离我家很远，一个在南面，一个在北面，爸爸妈妈每天接送我和弟弟去少年宫，那时因为距离太远，爸爸妈妈的同事没有一家让孩子去少年宫学习，但爸爸妈妈为了让我们今后的生活更加丰富多彩，培养我们更多的特长，无论刮风下雨，都坚持送我们去学习唱歌。有付出就有回报，我不仅在内蒙古少儿歌唱比赛中获得二等奖，演唱曲目还被选送到中央电视台播放。

这些都源于父母对子女最真挚的爱。我的父母是非常热爱生活的人，他们对一切未知事物充满好奇，正是因为他们热爱生活，才愿意主动带着我和弟弟到处旅行，增长见识，才给我们积累了那么多有趣的回忆和人生阅历，时至今日，爸爸妈妈依然热爱旅游、爱逛街，还经常故地重游，聊聊岁月的沧桑变化、记忆中令人感怀的故事。这样的聊天，让我们这些做儿女的感到温暖。

百善孝为先，我和弟弟从懂事时起，就帮助妈妈打扫家里的卫生，例如，吃完饭收拾碗筷这个习惯，我们一直保持到今天，甚至在高三备考期间都没有停止帮助父母做家务。每年春节前，我们都会跟妈妈一起，去姥姥家帮忙做大扫除，邻居都赞不绝口。这不仅是现在的孩子很难做到的，就连我们的同龄人也很少有人能坚持下来，可妈妈每年坚持，不仅为自己的兄弟姐妹做表率，也为我们姐弟两个做了榜样——热爱劳动、孝敬老人，感恩所有帮助过自己的人。每年假期，妈妈还会带我们去她工作的学校，帮孤寡老人打扫卫生，解决生活困难，也让我切身体会到了帮助别人的快乐。

总之，父母不仅要指导孩子学习，还要帮助孩子全面发展，培养孩子拥有健全的人格和体魄、乐观的精神、开阔的胸怀，使他们成为对社会有用的人。父母的素质是决定这一切的根源，父母自己要不断学习提高，增强自身的修养和技能，这样才能影响家庭成员走向未来美好的人生。

下篇
我与孩子

　　孩子的感染力很强，与孩子在一起，我发现自己又有了从前那种充满活力的感觉，就像是回到了孩提时代，回到了许多年前那种开心、兴奋、看到什么事物都感觉新奇的状态。

拥抱变化，内心强大

一年多前，我的女儿Demi出生了。孩子的出生带给我的最大挑战就是要求我把工作和生活的各个环节迅速协调起来。也许女人只有当了母亲，这种能力才能得到凸显。

怀孕期间，我坚持每周游泳两次，因为我深知，肌肉的密度对顺利生产和产后恢复很重要。而且孕期的女人经常犯困，精神容易游离，我不想让自己一直处在迷糊的状态，就努力通过锻炼保持充沛的活力，所以怀孕对我的工作基本没有产生影响。

孩子出生后，我的脑袋里一下子就装了很多事：工作的事情自不必说，家庭中，除了把主要精力投给孩子外，还要关心老公和帮我带孩子的公婆，关心他们的生活起居，甚至情绪变化。同时，我也要照顾到朋友的感受，所以时不时联络一下友情。有人说"一孕傻三年"，但我觉得自己的思维却因此变得更加活跃，我甚至常常惊叹自己的大脑原来能处理如此多的信息，做起事来更加面面俱到。因为孩子，我跟同事、朋友们之间有了更多温情的话题，跟公婆的感情也越来越好，这些都在为我的幸福指数加分。

自从做了母亲，现实纵然会逼着我去应对各种事情，但因为我知道这会提高自己的幸福指数，所以我从不会因此心理失衡，而是更积极主动地去适应并享受这种变化。我惊喜地发现，因为有了孩子，不仅我的性情有所改变，应变力也随之得到了惊人的提高，而这种应变力是我永恒的财富。一个愿意且能够拥抱变化的人的内心一定是强大的。正是因为孩子的到来，强烈的母性激发了我处理突发事件的潜能，强化了我的危机管理能力，让我的内心变得坚强而柔软，我的家人和同事也因我的变化而间接成为受益者。

因爱而成长

当了妈妈后，一方面，我的性格变得平和了，接人待物更有耐心；另一方面，我的内心也重新好奇起来，享受与孩子相处的温情中，这一切都是源于内心萌发的。

没有孩子的时候，我性格有些急躁，行事雷厉风行。自从有了Demi，她需要我静下心去观察她的生活和学习，耐心地等待她的成长，在这个过程中，我的耐心也一天天地增强了。

受益于这种转变的首先是我的家庭。以前，如果家人做了一些我不理解的事，我总会不假思索地说出来。如今有了孩子，一大家子人在一起生活，我就不能那么随性，我学会了慢一步、等一等，说不定别人的想法是我没能领会的，是可以沟通的，而不是急着下定论。

在工作中，我也转变了很多。如今，我负责搭建新东方零至六岁整个产业链的工作，这个整合的过程一环扣一环，需要极大的耐心和沉稳的判断力。我需要不断寻找商机，沉着分析，迅速决策。每当感觉困难重重时，往往就是考验耐心的时刻。很多时候，其实等待一下，事情也许就出现了转机。这是孩子带给我的启示和改变。

孩子的天性，决定了他们对很多事物都会表现出强烈的好奇心，而大人对这些东西早已失去兴趣，习以为常了。孩子的感染力很强，与孩子在一起，我发现自己又有了从前那种充满活力的感觉，就像是回到了孩提时代，回到了许多年前那种开心、兴奋、看到什么事物都感觉新奇的状态。其实，就妈妈这个角色来讲，我和孩子一样是零起步，我们是一起成长的，孩子在慢慢长大，作为妈妈的我也在逐渐变得成熟。

此外，孩子的宽容也深深地影响了我。这个世界还有谁会比自己的孩子更能接受我的缺点呢？与宝贝相处的很多小事都让我感到温暖，让我更多了一些人性化的思考。一次，Demi拿了我的发卡玩，我问她要，她非常舍不得。我能看出她内心的斗争很激烈，欲送还休。最终，她还是把发卡递给我，还说："我爱妈妈，就要给妈妈。"多么纯质的想法！其实如果我们把自己当作孩子，变得简单一点，那么，当我们面对那些不如意的事情时，也就更容易释怀。

就像跟孩子一起看书，不必限制她看什么样的书一样，她未来想做什么样的事，我也不会把我的标准强加给她，因为孩子有孩子自己的标准。我从前可能做不到这么放松，今天却可以看淡很多事情。这些都是孩子带给我的改变，她让我明白自己可以变得这样好。

书籍是我们共同的朋友

其实和许多职场妈妈一样，我陪伴孩子的时间很有限。白天忙工作，晚上回到家已经七八点了，孩子晚上九点钟就要睡觉，这意味着我们之间的沟通时间通常只有一个多小时。因此，高效的陪伴就显得尤为重要。那么，高效陪伴的前提是什么呢？我觉得首先要懂孩子。我们需要细致入微地观察，通过感知，真正去了解我们的孩子，然后润物细无声地引导、帮助他们。

此外，高质量的陪伴，也应该是在温暖的氛围中、快乐的状态下的一种互相感应和连接。

为了做到高效陪伴，我采用了一种最简单的方式：和孩子一起读书。

其实，从出了月子起我就开始给孩子读书了。孩子太小，不能理解我在读什么，因此，这个时期无所谓读什么材料，只要你能声情并茂地朗读，让孩子充分感受到你的兴奋、快乐，目的就达到了。我想，孩子在这种氛围中一定能感知到读书的开心。在声情并茂朗读的时候，我会认真观察孩子的表情和肢体动作，这样，我就能感受到孩子的回应，了解孩子更喜欢听什么样的声音，喜欢我做什么样的动作。这样的互动认知，是建立良性亲子关系的开始。

女儿跟我在一起的时候非常依赖我，我时常会反思，孩子是不是缺乏独立性。所以，我也经常提醒自己要保持恰当的距离，多留一些空间给孩子。其实有时候，孩子黏人恰恰是因为她没有安全感，这是孩子表达希望吸引父母关注的一种方式。另外一种可能是，孩子还很小，尚不具备独立游戏的能力，需要父母的引领和示范。我自己一至三岁这段时间是在姥姥身边长大的，所以内心缺乏安全感。正因为此，做了妈妈的我非常看重原生家庭对孩子后续成长产生的影响，所以我尽可能地让孩子感受到父母的爱、父母的陪伴，希望孩子拥有较强的安全感。

为了让自己逐渐放松，也为了让孩子越来越独立，我选择通过亲子阅读，通过读绘本，让孩子参与更多的生活场景、感知更多的外界事物与信息。久而久之，孩子的探索欲被激发，她也更加愿意去探索外面的世界——原来，绘本里见过的那么多好玩的事物在生活中都可以找到！

给Demi读书时，我力图增强自己的表现力，所以特别注重肢体语言以及声调的变化，甚至当我读到了某处，发现家里如果有实物，我就会跑去把那个东西拿过来。"看，Demi，原来你也有个盼盼（小熊猫玩偶）哦！"Demi看到一模一样的东西从书里跳出来就会开心得不得了，手舞足蹈，甚至叽里呱啦地说着谁都听不懂的话。这样的画面是值得我一辈子珍存的美好记忆。

多数情况下，对于自己喜欢的书，孩子更愿意去反复阅读，这与他们的成长状态有很大关系，是为了满足自身的成长需求。孩子由于记忆力和理解力还相对有限，新奇的词汇、表达方式和知识要素往往需要经过多次重复认知才能不断强化加深记忆。反复阅读可以减少孩子对于新奇事物的不确定感，增加孩子的自信心和安全感。

Demi特别喜欢的一套绘本是《可爱的鼠小弟》，从她两个月大到七个月时，我几乎每天晚上都会读到它。起初，我也尝试着去讲其他绘本，但最后发现那时的Demi对这套绘本最感兴趣。有一天，当我翻到"鼠小弟遇到穿着背心的大象"这一页时，我问："Demi，鼠小弟在哪里啊？"Demi立刻伸出小手，准确地指了指画面上的鼠小弟。我按捺住激动的心情，接着又问："Demi，大象在哪里呢？"没想到，Demi依然很轻松地指出了大象，还回头看看我，好像在对我说："妈妈，你看到没有，大象就在这里！"我当时的心情就像长出了翅膀，飘到了云朵里，要知道Demi当时才七个月大！

此外，孩子的很多生活习惯和我们想教授的内容都会在反复阅读中自然而然地形成认知，自觉去践行，根本不需要大人的监督和要求，因为孩子觉得这本身就很有趣、很新鲜，也是应该去做的事。Demi就特别喜欢自己从书架上拿出一本书，选个地方坐好，然后拍拍身边的位置示意我坐下来给她读书。读完了以后，她会马上把书放回原位。这个习惯就是通过读书习得的。她还不到一岁的时候，我们一起读过一套系列丛书，专门讲的是让玩具回家的故事。

通过这些故事她慢慢就养成了整理东西的好习惯，一读完就"噔噔噔"地跑过去，把书放回原处，或者指着某个地方，告诉你要把书放回到那里，然后跟书说"再见"。玩完玩具，她也会主动把玩具放回玩具筐里，这都是书本教会她的生活习惯，从没有人硬性要求她。

原来，每一次耐心地输入，孩子都会在日后不经意地展现给我们。孩子的每一个成长瞬间，都是父母最幸福的时刻！

家人都是好老师

原来，我认为自己搞儿童教育这么多年，家里人必须按我要求的方式和孩子做亲子阅读。当我有了自己的孩子，我才明白事情总会以不同的方式呈现给我。于是，我干脆放手让孩子自己去发展。结果我发现，孩子的接受和消化能力远远超过大人的想象。大人是以怎样的方式给她传输知识其实并不重要，多元化的阅读方式对她反而更好。比如说，我给她读中文、英文，奶奶则用方言给她读书，奶奶对故事的理解和我也不太一样，但我知道我们带给孩子的都是非常可贵的教导。没有人会要求这个年龄段的孩子必须怎样去理解，所以我们完全可以将不同的信息输送给她，慢慢地，她就会形成自己的理解和判断。

我很早就在孩子心中植下读书这枚兴趣的种子，所以我不在家的时候，孩子如果想看书，她就会请奶奶拿书跟她一起读。Demi会模仿我的阅读方式，很兴奋地跟奶奶互动，这也让奶奶觉得读书是她跟Demi之间最好的交流方式。

我是研究双语教育的，这里我想说说英文绘本的阅读。有些父母常常担心自己的孩子连中文都没说清楚，都没理解透彻，就给孩子输入英文，会不会造成孩子的理解混淆。其实，我们完全没必要有这个顾虑。要知道，六岁之前的孩子对语言的接受能力很强，特别是三至四岁，正是孩子语言学习的关键期。脑科学告诉我们，这时的孩子学习第二语言特别关键。我们看到有些外国小孩子会说七八种语言，这种能力就是在这个时期习得的。而阅读是特别关键的一点，它是语言速成的最好方式之一。

在国外，我们常常惊奇地发现，很多孩子小小年纪就会说好几个国家的语言，这是为什么呢？原来这些孩子的日常玩伴中有不同的人种。你会发现大家跟日本孩子对话时说日语，跟法国孩子对话时说法语，跟德国孩子对话时说德语。而在中文大热的美国，很多家长都愿意带孩子找社区里的中国孩子玩耍。在孩子们的日常交流中，混杂着多种语言，大人不一定能懂，但孩子却非常开心，并且能在多种语言间自由切换——这就是"国际化"。所以，当一个外国小孩遇见陌生小朋友，他首先会问对方说什么语言，然后再选择用什么语言跟他交流。这种学习方法我们有一个对应的专业名词叫"浸入式学习"。

再者，温暖的家庭氛围对孩子的心理成长也至关重要。当我不在家的时候，孩子自己会拿着书找爷爷奶奶或者爸爸给她读，这就形成了全家总动员的亲子阅读氛围。有些家庭爸爸比较忙，但当他每天回家后，如果孩子愿意主动地拿着书，"爸爸，爸爸"地喊着，我想任何一个爸爸都不会拒绝，哪怕再累，他都会很认真地坐下来陪孩子一起读书。

此外，读书氛围的营造还需要有足够的藏书量。如果家里一眼望过去，连一本书都看不到，孩子怎么可能会产生读书的兴趣呢？我们家里有两个固定的角落摆放着Demi的书，她自己可以很轻松地拿到，然后去找任何一个家人陪她读书。图书俨然已经成为她最好的陪伴。

我的理想，我的绘本

有人说，基因不一样，人和人之间自然有别。基因和环境，到底哪种因素对孩子的成长影响更大？科学家在多年的争论中达成共识：基因和环境同样重要，它们是一个整体的两个构成部分，对孩子的未来共同产生奇妙的作用。其中，基因为大脑提供了一张蓝图，同时大脑的发育也离不开环境的塑造。

这个理论给我们的幼儿教育工作者带来了无限的希冀和强烈的责任。基因，我们无法改变，但我们可以尽最大可能给孩子提供最及时、最有效的引导，这是我们幼儿教育的责任，也是我们致力于创作优秀绘本的初衷。

给孩子选择一本好的绘本，就像是给他找一个好的童年伙伴。因此，选择绘本首先要考虑的因素是：绘本的图画、故事语言是否符合儿童形象性思维的特点，是否能很好地激发孩子的阅读兴趣。好的绘本，画面精美，富有内涵，能给孩子带来艺术审美方面的熏陶。因此，当父母当前没有形成自己的教育方法时，就可以考虑选择优秀的获奖绘本，例如，"美国凯迪克奖""德国绘本大奖""国际安徒生奖""英国格林威大奖""博洛尼亚国际儿童书展最佳童书奖"等。这些优秀的绘本多是世界知名插画家的作品，不仅画面精美，且内涵丰富。阅读这些绘本，可以使孩子的情感受到陶冶，艺术审美能力也会不断得到提高。同时，带着孩子阅读世界各地的优秀绘本，也是一次穿越各种文化背景，进入不同世界的旅行，孩子在此过程中对故事情节展开丰富的联想，以此提高创造力和想象力。

其次，在内容方面，绘本故事的取材要贴近孩子的生活，最好是孩子熟悉的内容，但要有一些异于常态、常理、常情的变化，使孩子觉得熟悉而奇特、新颖而有趣。例如，宝宝一岁半左右开始，就会进入情绪不稳定期，由于语言能力有限，常常通过哭表达情感和诉求，这种状态常常会让父母不知所措。在这个时期，父母就可以选择一些绘本来教孩子识别自己的感受，表达情绪。例如，让孩子了解"难过"的《卡夫卡变虫记》，了解"生气"的《阿内宫大战塔罗拉》等。

当然，父母在选择绘本时，也可以寻求一些资深的、专业机构的推荐，以帮助培养孩子的智力、创造力、体能、社交能力及情感的发展。丰富的游戏活动可以促进幼儿通过探索而主动习得，激发幼儿天生的好奇心，使他们自发地热爱探究。

二至六岁的孩子的培养应该是一个多方面的系统工程。绘本不仅仅是知识的载体，我们还可以利用它们提供的情境去帮助孩子拓展思维，从小养成自主学习的好习惯，激发他们的创造力，提高他们的审美能力，提升他们的认知水平，使孩子能够得到全面发展。

很多幼儿园的绘本教材画面非常精美，呈现的画面会留给孩子充足的想象空间，如，未来世界是什么样的？如果拿今天的思维方式来思考和描绘未来可能会束缚孩子的想象，我们会努力为孩子留下充足的想象空间。在生活中，大人习惯于用"常识"去纠正孩子的一些认知。例如，我们经常觉得孩子的画很奇怪："啊？宝宝，你画的兔子怎么是这样的？"我们惯用的是成人思维，是成人世界约定俗成的知识。而我觉得教育孩子不应该这样，我们要让孩子明白这个世界是多元的，我们需要去包容、去保护孩子可能带有"颠覆性"的想象。其实在这个问题上，我们唯一能做的就是帮助他们先建立起基本的价值观，慢慢培养他们的生存技能、阅读能力、探索能力，甚至是信仰能力。

我会让我的孩子进入新东方集团的幼儿园，进行系统的学习。我相信我们的幼儿园，也坚信我们的绘本做的是最好的。想到不仅是Demi，还有许多和她一样快乐成长的孩子们能看到我们专门为他们设计和制作的绘本，我就幸福感满满。

孩子是世界上最美好的存在，她的到来给我的生活带来始料未及的变化，同时伴随着更多的惊喜。我给予了她生命，她也用自己的力量影响着我的生命。

作为母亲，我想在收获了她给予的无数快乐之后，送孩子一个可以长久陪伴她的礼物，那就是阅读。我想要为她种下一个阅读的习惯，用读书来丰盈她的生命。我想要和她一起读书，我知道无论未来怎样，书籍可以一直与她相伴，为她开启一个个崭新而奇妙的世界。每当想到这里，看着眼前这个拿着童话书的小女孩，我的内心都充满了幸福。

相信多年以后，那些被翻阅过无数次的绘本依然是我们彼此共同拥有的、印象最为深刻的记忆。

Chapter 7

孩子是整个家庭的，
不是妈妈一个人的

谢 琴

　　给孩子提供安全感的滋养：爸妈就在我的身边，他们允许我去探索，我可以走得更远，且无须担心遇到危险，因为我知道，爸妈就在我的身后。

上篇
父 母 与 我

　　其实孩子要的很简单。妈妈的一个温暖拥抱，爸爸的一句亲切问候，就可以温暖孩子的心，让孩子感受到父母之爱的美好与温馨，让孩子不再感到孤独。

童年的印记——与父母分离的日子

大多数孩子在童年时期都是无忧无虑地生活在父母的身边，享受着父母无微不至的照顾和关怀。然而，我却有着和许多人不一样的童年。在我三到六岁期间，由于父母工作很忙，他们把我送到了在深圳的爷爷奶奶家，由爷爷奶奶抚养我长大。童年时期与父母分离的经历对我的成长产生了一些负面影响，这种影响一直伴随着我长大。如果那时我能选择，我绝不会离开父母，因为在与父母分离的日子里，我常常感到孤独和忧伤。

现在，回想起自己的童年时光，与父母分离的经历使我产生了以下三种负面的心理影响。

第一种影响：分离使我产生了严重的自卑情结。

爷爷奶奶都很疼爱我，但他们关心的更多的是我有没有吃饱、有没有穿暖。在那个年代，很少有人会考虑到心理需求这个层面，更别说关注一个三岁孩子的心理感受了。所以，他们察觉不到我内心的孤独与忧伤，更不能及时帮我化解。当时，我年龄还很小，不知道该向谁诉说。遇到问题时，只能硬着头皮挺着，或者逃避。记得我刚到深圳时，遇到的第一个问题就是语言障碍，这也使我产生了严重的自卑情结。在武汉时，我周围的人都说普通话或当地方言，而到了深圳，人们较多说的是粤语，对于我来说，这是一种完全陌生的语言。刚开始的时候，因为我跟小朋友存在交流上的障碍，在做游戏时，他们都不喜欢跟我一起玩，但我很想跟他们玩，可由于我连他们说什么都听不懂，就只能像个小丑一样站在角落里，看着他们说得热火朝天，内心的失落和寂寞汹涌澎湃。

我从小比较好强，也比较有主见。在武汉时，每天都是我带领院里的小朋友们一起玩。但是，到了深圳以后，我却只能站在角落里看着别人玩。如果是一个性格软弱的孩子，可能也就默默接受了，但我却非常不甘心，一有机会还是想融入小朋友圈里。当时，大家喜欢玩一种叫"跳房子"的游戏。有一次，我跟他们一起玩，当轮到我丢石子时，我用普通话说了一句"一二三"，他们立刻哈哈大笑起来，嘲笑我的腔调。我立刻感到无地自容。当时，我心里很难过，心想连这么简单的游戏，我都无法融入进去。

那时，我特别珍惜与大家说话的机会，所以偶尔有人问我叫什么名字，我都会故意学着用粤语说出自己的名字，可还是被大家嘲笑我的发音，说："哈哈，还蛇精（粤语的'谢琴'发音和'蛇精'相似）呢！"也许他们没有恶意，但每一次我的心都会被深深地刺痛。所以，在我刚到深圳的前半年到一年的时间里，因为语言不通，我心里留下了深深的自卑阴影。

但我不是一个轻易服输的人，我一直在偷偷地学粤语，差不多一年后，我基本上就能说一口比较地道的粤语了。过了语言这道关后，我才真正融入周围小朋友的圈子中。然而，那段经历给我造成的心理伤害却一直伴随着我后来的整个小学阶段。每次和同学说话前，我都会习惯性地想一想要怎么说同学才不会嘲笑我。

第二种影响：分离让我缺乏安全感。

从孩童时期到成年缺乏安全感一直是困扰我的一个问题。为了寻找这个问题的原因，我看了很多心理学方面的书籍，也请教过不少专家。据心理研究数据表明，如果一个人小时候长期得不到父母的关爱，很容易缺乏安全感。而童年时期长期与父母分离正是导致我缺乏安全感的根本原因。

我的爷爷是位老干部，工作雷厉风行，在家也是说一不二。奶奶是个农村妇女，不识字。他们会用自己的方式爱我、教育我，但很少会从我的角度考虑我需要什么。比如，爷爷认为，面食对身体有好处，所以他经常让奶奶做面食给我吃。面条、面饼、面片，奶奶总是换着花样来做。可我并不喜欢吃面食，在爷爷面前，哭闹是无济于事的，所以每次吃饭我就像吃药一样，这导致我上学后很长一段时间每逢吃饭就想逃避。

奶奶也很爱我，她爱我的其中一种方式就是给我讲故事，但因为没有什么文化，她讲的都是恐怖故事。奶奶从小在乡下长大，听闻过各种恐怖故事，很多故事都是人们口口相传的，非常活灵活现。当时我刚三四岁，好奇心极强，所以，虽然我很害怕恐怖故事，但还是缠着奶奶给我讲。这给我带来的一个影响就是我特别怕黑，每当天一黑，我的脑海里就会闪现各种妖魔鬼怪的形象。

虽然在旁人眼里，我工作起来大胆果断、风风火火，但我仍然很缺乏安全感。因为工作关系，我一直在学习教育学、心理学的课程，也经常对自己进行积极的心理暗示，比如，"要战胜自己""不怕黑暗"等。特别是在负责新东方的家庭教育工作后，童年时代产生的阴影有了很好的疗愈的机会。如果不是这样，我恐怕很难走出童年的阴影。

童年时期是孩子人格培养和形成的关键阶段，是孩子产生安全感的最重要时期，所以孩子在这一时期最好不要与父母长期分离。在孩子的成长过程中，关键阶段只有那么几个。童年时期就好比是一个地基，只有把根基打稳、打牢了，才能使孩子在日后的成长过程中轻松、顺利。否则，孩子需要克服各种心理上的障碍，付出比常人几倍甚至几十倍的努力去改善这些问题。父母的问题，却需要孩子去买单，这对孩子来说显然是不公平的。

第三种影响：分离让我学会了撒谎。

如果在童年时期没有得到父母细致的关怀和适时的引导，孩子很容易养成撒谎的坏习惯。因为当困境来临时，人都会本能地保护自己，为了保护自己，许多人会选择用谎言来逃避。在六岁以前，我习惯了说谎。那时，父母会经常从武汉给我打电话，问我过得开不开心，想不想家等。我不想让他们知道当时的小朋友不欢迎我，因此我就说："我很开心，我有很多新朋友……"我把想象中最美好的事情编成谎言骗我的父母，虽然我的描述就像《卖火柴的小女孩》里的情节一样，都只是美好的幻象。因为当时在我看来，说了那些善意的谎言父母就会表扬我，会夸赞我"真乖、真聪明，这么快就能融入到新环境中"，等等。而且，每次对父母说完谎，我都像真的做到了一样，对自己很满意。

那时，我不仅跟父母说谎，还跟小朋友说谎。在深圳，和我一起玩的小朋友都有很多玩具，如布娃娃、毛绒玩具等，这些都是小女孩们很喜欢的。当时还流行玩游戏机，男孩和女孩都喜欢玩，但爷爷奶奶却不给我买。虽然当时家里的经济条件比较好，但在爷爷奶奶看来，买这些玩具是在浪费钱。他们觉得，能让孩子吃好、穿暖、读书识字就可以了，而对于一个孩子的内心需求，他们关注得并不够。每当我去别的小朋友家玩，看到他们家里的玩具时，就会说："我家也有很多布娃娃，还有游戏机，只是都在武汉呢。以后你们要是去武汉，就去我们家玩吧。"当时，我觉得跟别的小朋友说谎我有玩具，可以弥补我内心深处没有得到满足的缺憾。于是，说谎这个坏习惯在我的生活中变得如影随形了，因为它能给我带来快乐。但是，当时没有人察觉到我的心理变化，因此，也没有人及时地对我进行纠正和教育。所以，在六岁之前，我说谎的次数很多。幸运的是，上学之后，我的学习成绩比较好，老师很喜欢我，也会经常表扬我，所以我不需要再靠说谎来吸引别人的眼球了。后来，随着自己所受的教育越来越多，我开始有意识地进行自我反省，并且最终改掉了这个坏习惯。

以上三点是童年时期与父母长期分离、亲子关系缺失给我造成的三大影响。作为一个曾经经历过亲子关系缺失之苦的过来人，我由衷地建议，在孩子童年时期，父母应尽可能自己教养孩子。在生活中，父母除了需要关注孩子的物质需求，还要有意识地关注孩子的心理和精神需求，多去感受孩子的内心，多陪伴孩子。其实孩子要的很简单，妈妈的一个温暖拥抱，爸爸的一句亲切问候，都可以温暖孩子的心，让孩子感受到父母之爱的美好与温馨，让孩子不再感到孤独。童年时期是建立亲子关系的重要时期，如果孩子在这一时期长期与父母分离，会令孩子对父母产生距离感，也会一定程度上影响亲子关系。家庭的温暖和父母的爱对孩子来说至关重要，生活在一个和谐的、充满爱的家庭环境里的孩子会感到很幸福、很安全，对父母的感情也会更深。

失之东隅，收之桑榆

　　小时候，虽然远离父母对我的心理产生了一些影响，但是，从另一方面来说，与爷爷奶奶一起生活也给我带来了一些积极的影响。爷爷奶奶虽然不太懂家庭教育的理论，但在我们朝夕相处的日子里，他们身上真诚、善良、勤奋、朴实的品质和为人处世的态度慢慢影响了我，也影响了我日后的生活态度和处事风格。

　　我的爷爷19岁入党，是位有着60多年党龄的老党员。他兢兢业业的工作作风和真诚待人的处世态度潜移默化地影响了我。爷爷非常敬业负责，他将全身心都投入到工作中，每天早晨六点半就去单位，到晚上八九点钟才回家。我去深圳的时候是1982年，那时正值改革开放初期，深圳有很多挣钱的好机会。当时，我爷爷是省外贸厅驻深圳办事处的主要负责人，去我们家拜访的人很多，但爷爷从来没有收过礼，如果当时谢绝不掉，事隔一天后，他也会让奶奶把礼品给人家送回去。那时，我经常在饭桌上听到爷爷奶奶谈论怎么把礼品给人家送回去之类的话题，这给我带来的教育就是，别人的东西不能要，更不能贿赂别人，人要靠自己。

2002年，爷爷去世了。虽然当时爷爷已经退休15年，但当年在深圳与爷爷工作过的老同事都特地赶到武汉去参加他的葬礼。有很多人追溯当年，失声痛哭，这给我的影响非常大。我觉得，如果一个人能不求回报地去帮助别人，会被很多人记住。所谓赠人玫瑰，手留余香，这也逐渐成了我价值观的一部分。

奶奶给我最大的影响是教会我勤俭节约。当时爷爷的工资相对可观，但奶奶非常节俭，从不浪费一分钱。奶奶经常把家里的塑料瓶和纸盒攒起来，攒多了就拿去卖钱。有时候晚上带我出去散步，如果看到路边有塑料瓶之类的东西，奶奶就让我捡回来，一是环保，二是可以带回家积攒起来，等攒到一定数量再把它们卖掉。奶奶把卖废品的钱给了我，让我攒起来做零用钱。我的数学启蒙就是从那时候开始的。当时，废纸卖八分钱一斤，奶奶一般会攒到四五斤的时候去卖。每次她都让我算账，算对了钱就归我，所以四五岁时，我就会熟练地运用四则混合运算了。卖一次废品后，我可能会收入几毛钱到一两块钱不等，奶奶就让我把这些钱都放在一个盒子里存着，然后让我攒到快十块钱的时候向她汇报，她会把我的九块一毛钱或九块五毛钱换成十块钱给我，并允许我自由支配其中的一部分钱零花。因此，我在深圳期间有了很大的收获，就是三年下来存了近两百块钱。等六岁回到武汉时，我已经是个小富翁了。

卖废品的经历让我从小深刻地领悟到了自力更生和聚少成多的道理。后来，即使家里没有废品，我也会自己到路上去捡，有点像捡破烂儿的小孩。有一次，我在街上捡了四个汽水瓶，被邻居看了笑话，因为他们不理解，奇怪"谢总"家的孙女怎么会跑去捡废品呢。而我却对捡废品一事乐此不疲，一是我可以靠自己的劳动挣钱，二是这可以给我带来一些成就感。因为自立意识的培养，使得我从上大学开始，就一直用寒暑假打工赚的钱和获得的奖学金交学费。在大学四年的时间里，只有第一年是父亲给我交的学费，从大二开始，我就再没有问父母要过一分钱。工作以后，我每个月都会给父母汇钱，后来结婚、买房也都自力更生，从没找父母资助。这一点也是我父母引以为豪的。

现在想来，童年时代与爷爷奶奶生活，虽然给我心理上带来了一些影响，但是爷爷正直的品格和敬业的精神以及奶奶勤俭节约的好习惯对我的影响是深远且潜移默化的。他们从来没有生搬硬套地去教育我应该怎么做，也没有对我的学习成长有过多的要求，而是用实际行动来感染我。"失之东隅，收之桑榆。"童年时期，我没有得到父母的陪伴与呵护，却得到了爷爷奶奶深沉、质朴的爱；我没有像其他孩子一样备受宠溺，而是很早就学会了人要靠自己的劳动创造财富，要自立，要活得坦荡。爷爷奶奶用他们独有的方式影响着我成为一个独立、自强的人。

父亲给了我自由的天空

我从小在爷爷奶奶家长大，父母每隔两三个月会来看我一次。总的来说，我属于"散养"型的。到了上幼儿园的年龄，父亲给我选了一所比较好的幼儿园。第一次去幼儿园时我很高兴，因为父亲告诉我幼儿园里有很多小朋友，我可以和他们一起玩。可一进教室，我就发现情况不对，大家互相都不认识，老师也不让我们互相讲话。我只和旁边的小朋友说了两句话，就被老师点名批评，还被罚站了。我觉得不好玩，于是眼睛就盯着窗外看。我看见幼儿园的院子里有一个很大的滑梯，是螺旋状的，有两个小朋友正上到滑梯的顶端，然后像蝴蝶一样从上面旋转着滑下来，轻松又自在。我也想马上出去玩滑梯，可老师不让我们出去。到了午睡时间，我终于忍不住哭了起来，一直哭到下午父亲来接我。第二天早上还没起床，我就又哭了起来，父亲问我为什么哭，我说："我不想去幼儿园。"父亲说："不上幼儿园，以后上了小学你什么都不会，那怎么能行呢？"我嘟着嘴说："老师什么都不让玩，我讨厌上幼儿园。"父亲说："如果你能自学，那就不用上幼儿园了，但我要定期来检查你写了多少字，做了多少算术题。如果你自学得不好，我还会送你去幼儿园。"我高兴地说："没问题，我会写好的！"于是，我结束了生命中唯一的一天幼儿园生活。第二天，我就让奶奶带我去幼儿园的院子里玩那个令我向往的滑梯。奶奶说，我就像只小鸟一样在滑梯上下来回"飞"个不停。玩了一会儿后，新鲜劲儿有点过去了，我就站在高高的滑梯上，朝着昨天上课的教室里张望，还对着教室里的小朋友招手，朝他们喊："出来玩呀！出来玩呀！"

虽然我没上幼儿园，但在小学入学考试的时候，我考了全班第一名。不是因为我有多聪明，而是父亲的教育方法比较适合我。父亲对我实施的是"任务+激励型"的教学管理模式。他每次到爷爷奶奶家看我时，都会提前给我买好课本、各种故事书和磁带，并给我布置学习任务。他会检查每项学习任务的完成情况，并在检查后把我不会的地方再给我讲一遍，如果我完成得好，还会有很多额外的惊喜和奖励。所以，每次我都特别盼望父亲快点来"验收"我的学习成果。

参加工作以后，我曾跟许多教育专家和心理学家探讨我没上幼儿园的这段经历。我认为对我而言，没上幼儿园的好处之一就是让一个孩子热爱自然、热爱自由的天性得到了释放。那些从三岁起就开始上幼儿园的孩子，每天在相对狭小的空间里接受教育和管束，相比之下，我的空间更广阔——我家的院子特别大，院子里种满了白兰花和葡萄藤；家门前有一条河，河两岸是树木和绿化带，这些都是我玩耍的乐园。每天，我都有很多时间可以跟大自然亲密接触。我家周围还有好几所幼儿园和小学，有时，我就像神笔马良一样，跑到教室门口去偷听老师讲课，这种没有束缚的玩乐和学习方式，对我来说是一件非常开心的事情。

上学以后，我思维活跃、敢于创新，这都得益于我的父亲，他独特的教育方式给了我一片自由翱翔的天空。没上过幼儿园，没有受过太多管教类的教育，我的思想里没有那么多条条框框的束缚。但从"安分守己"的角度来说，我不是个百分百的好孩子。比如，有一次老师在课堂上讲大家要学习雷锋，要艰苦朴素，不要穿奇装异服。我不懂什么是"奇装异服"，就举手问老师，老师的解释是，奇装异服就是一个人穿的衣服很奇怪、很另类，跟大家都不一样，穿这样服装的人往往有虚荣心，他的思想是不健康的。我听完还是不懂，就问老师："如果城里人都穿得很漂亮，来了一个'讨饭'的人，他穿一身破棉袄，腰里还扎一根麻绳，他的思想算不算是不健康呢？"老师看了我一眼说："你今后少问这样奇怪的问题，坐下。为什么总是问一些不着边际的问题？"后来，老师为这件事还找过我父亲，说我思想天马行空，需要加强教育……可我父亲并没有为此批评我，反而用很欣赏的目光看着我说："你能把奇装异服和乞讨者的破棉袄联系在一起，我都没想到！"从父亲的话语中，我听到的是赞扬的意味，所以，我就更加肯定了自己的行为。

小时候的成长环境让长大后的我一直秉持着一股子"真性情"，对任何人、任何事我都敢于说出自己的真实想法，敢于坚持做自己认为正确的事，这些都要感谢我的父亲从小对我的教育和支持。

与浪花"做游戏"，与大自然"交朋友"

我是在海里学会游泳的。

小时候，父亲把我带到海边教我学游泳。因为我从来没下过水，所以有点紧张。刚开始，父亲给我示范了一下在水里怎样憋气，怎样换气，怎样能够浮起来，然后就把我丢到海里去了。海水的浮力很大，我站都站不稳，咸咸的海水一个劲儿地往我嘴里灌。我吓得尖叫并哭了起来，父亲就站在我身旁看着我哭，既不哄我也不管我。父亲眼里传递出一种坚持，似乎在说："你哭吧，我有耐心等你哭完。"哭了一会儿后，我看父亲无动于衷，就擦了一下眼泪，然后试着让自己在水里浮起来。我手忙脚乱地扑腾了一会儿，就想上岸，父亲不同意。我说："爸爸，我坚持不住了！"父亲轻轻地拉住我的手，用鼓励的口吻说："你应该再试试，如果找到感觉，你就会游了。那样，你就可以和浪花做游戏了，该多有趣啊！"父亲耐心地引导我，把我往我感兴趣的方面引导。就这样，第一天下水，我就学会了憋气，很快也能轻松地浮在水面上了。

六岁那年，我回到了武汉。父亲没有让我去游泳池游泳，而是把我带到了汉江边，我很快就适应了在汉江里游泳。之后，父亲一直鼓励我坚持游泳，一年四季都游。天冷的时候，我不能在江里游，父亲就带我到游泳馆里游。上学后，我发现自己的体能比一般的同学要强很多。上小学二年级时，我被学校的体育老师选中，他认为我身上有勇敢、大胆、勇争第一的素质，就把我送到了体校队去训练。从小学二年级一直训练到六年级，我的身体素质一直很好。

　　除此之外，父亲每星期都会带我和妹妹到武汉周边爬山，爬得最多的是武汉的龟山和磨山。爬山时，父亲对我们有一个要求，就是只要开始爬，就不能停下来休息，要一直坚持爬到山顶。父亲说，不管中途有多累，多想停下，都一定要坚持爬到山顶。到了山顶后，再去享受一览众山小的感觉。那时，人的心是很开阔的，也因为经过努力后终于取得胜利而有一种喜悦和幸福感。

　　"仁者乐山，智者乐水。"现在回想起那段"跋山涉水"的时光，我仍然很幸福，也能够理解父亲的良苦用心了。他一直主张，一个人不仅要向书本学习，还要向大自然学习。大自然博大而神奇，是孩子增长知识、开阔胸怀、陶冶性情的最佳教育场所。让孩子感受大自然、亲近大自然、欣赏大自然、体会大自然，不仅可以培养孩子对美的感悟，还可以让孩子更加热爱生命、热爱生活。人是大自然的产物，只有适应大自然，才能更好地适应生活，更好地成长、进步。而且，在大自然中摸爬滚打长大的孩子，要比一般的孩子更坚强、乐观、豁达。父亲说，一个身心坚强、心胸宽广的人才有在这个社会上立足的根本。

进入新东方以后，我的工作强度非常大。这些年，如果还算小有成绩，那么，首先应该归功于我良好的身体素质和心理素质。我在头脑方面可能没什么优势，那我就和别人拼体能、拼耐力。我相信"一分耕耘一分收获"，我从来不惧怕困难。从小，父亲就告诉我，生活就好比是游泳，每遇到一个困难，就像是一朵袭来的浪花。首先要沉住气，然后再去适应它，最后战胜它。在现实中，不是每个人都可以和别人拼体力的，我周围有很多同事都因为工作压力大，身体吃不消，不得不远离"一线"的竞争，"退居二线"。现在，虽然我有时会觉得工作太忙，身体压力过大，但只要游个泳、睡一觉，我就又能精神抖擞地迎接新的挑战。

直到现在，我偶尔还能想起那无数个与浪花"做游戏"，与大自然"交朋友"的日子。想起父亲把我扔进大海里学游泳时的坚持，爬山时不到山顶不准我停下来时的"残酷"，我心怀感激。因为，正是那时候的眼泪和汗水、顽强与坚持，才换来了我今天如花般的笑靥，如彩霞般的绚烂。在此，我由衷地感谢我的父亲！

母亲教我做柔性的女人

在我们家里，父母的分工做得很好。我父亲的性格刚毅、坚强。在家里，他的角色是严父，他的严厉和威望令我和妹妹对父亲既敬重又害怕。我母亲很温柔、很慈爱，也很体贴人。长大以后，我慢慢感觉到，母亲的"柔"和她的性格有一定关系，但其中很大一部分原因是她有意识去"做"的。在母亲身上，女性特有的温柔和对孩子无私付出的品质都被她体现得淋漓尽致。虽然今年我已经30岁了，但在我的记忆里，母亲从来没有对我说过一句重话。

在我们家里，母亲既是润滑剂，也是黏合剂。我的爷爷、奶奶性格都很强势。爷爷是单位里的领导，奶奶虽然是农村妇女，但性格非常坚韧。平时，爷爷和奶奶经常拌嘴，但如果母亲在场，总能找到合适的方法化解家里的紧张气氛。作为儿媳妇，她总在爷爷面前夸赞奶奶勤俭持家，而在奶奶面前，母亲也总是讲出爷爷的优点。母亲很善于观察，她总能从一件很小的事情中证明爷爷对奶奶的爱，因此，奶奶经常被母亲逗得眉开眼笑。母亲平时话不多，但她说出来的话总能让人感到真诚和温暖。母亲最大的优点是永远从积极、正向的角度看问题，所以大家都喜欢她。从小母亲就告诉我："女孩子在遇到问题时，不要硬碰硬地解决，两块坚硬的石头是不能相互战胜的，硬碰硬的结果要么是一方破损，要么是两败俱伤。"母亲的话让我有了深刻的体会，这对我日后的生活和工作都有很强的指导意义。我一直记着母亲的嘱咐，遇事尽量先去理解别人，并用女人特有的柔性去沟通。参加工作以后，我遇到过很多看似重大的问题，都是用母亲交给我的"柔性"心态和方法去处理的，结果真的把问题解决了。

在一些人眼中，我是一个事业有成的女人。很多朋友问我："都说一个成功的女人很难嫁出去，而你这个'女强人'是怎样做到爱情和事业双丰收的呢？"我的回答很简单："第一，要常怀感恩之心；第二，要学会'示弱'，给男人留空间、留面子。"我的恋爱和婚姻一直很幸福，而我能够幸福的一个重要秘诀就是母亲教给我的智慧，从她身上，我学会了一个"杀手锏"——遇事要懂得隐忍。有时候进一步靠的是勇气与决心，而退一步考验的是心态与智慧，女人要学会用女性特有的能量协调好各种关系，其中包括婆媳关系、夫妻关系、同事关系等。

没有规矩，不成方圆

因为我没有上过幼儿园，属于"散养"长大的，所以，我做事缺少约束，喜欢自由。小时候我比较聪明，肚子里的"鬼点子"很多。三岁时到深圳，我就开始跟爷爷奶奶"斗智斗勇"。每当我出去玩时，他们就会反复叮嘱我，所以我每天都会跟奶奶捉迷藏，奶奶却常常找不到我。小时候我就学会了察言观色，懂得大人们的想法，并投其所好，既完成大人们的要求，也获得想要的自由。

小时候，能管住我的人似乎只有父亲，因为有所畏惧，所以我不敢轻举妄动。于是，经常被按捺住的蠢蠢欲动，一有机会，就会冒出来捣乱。我父亲把这一切看在眼里，但他认为"做坏事"的责任不完全在孩子，而在于没有给孩子树立"规矩意识"。父亲是做对外贸易的，与香港人接触较多。他发现香港人在当地特别遵守规矩，而到了内地，就会时常违反规矩。父亲说："不是因为香港人不懂规矩，而是因为在香港有严格的法律条款约束他们。"父亲认为，对孩子的教育与对一个国家或地区的管理是一样的，要有约束、有管理，还要奖惩分明。父亲是这么说，也是这么做的。例如有一次，父亲指着日历对我说："4月2号是星期天，我们那天去郊游。从这个星期开始，你的作业、考试都要达标，怎样达标呢？……"父亲会给我制订一个计划，在征得我的同意后执行。在执行过程中，父亲会定期检查。

如果我完成了计划，父亲就会履行诺言。如果我没有完成计划，父亲就会惩罚我。

他说："答应别人的事，就要去做，不管多难，都要完成。"

有一件事给我留下的印象非常深刻。有一次，我盼了一个月，终于盼到了那个可以去玩的星期天，因为我的任务都完成了——放学按时回家，作业按时交，考试得了100分。但是星期天早晨我睁开眼睛发现下雨了，而且下得很大。我非常沮丧，就问父亲："我们今天的郊游取消了，是吧？"父亲说："没有啊，我答应你的事情怎么会取消呢？"这话让我非常兴奋！因为下雨，我们一家人就去了一个四星级宾馆，那是当时武汉最高档的地方之一，有一个室内游乐园和一个游泳馆。当时是20世纪90年代初期，一张游泳票要几十块钱，全家人去游泳、吃饭，我父亲那个月的工资几乎全花光了。可父亲对我说："爸爸从来说话算话，给你定的目标你完成了，你的愿望就一定会实现。如果钱不够，我借钱都会让你的愿望实现的。"我当时特别震撼，父亲的形象在我心里顿时高大起来。从那以后，我就开始约束自己，说到的事一定做到。

从我的成长经验来看，如果父母觉得自己的孩子还小，不懂得什么是规矩，不懂得如何去把事情做好，那就错了。其实，每个孩子都很聪明，他们会观察大人的一言一行，并从中体会大人的想法和对自己的要求。我小时候就特别能体会父母对我的要求，我也能做到符合他们的要求。但只要他们稍有不慎，我就会像鱼一样找到缝隙，然后溜掉。可如果父母给我定的目标很具体，又能按时检查，我就会去做，而且还能做得很好。有位心理学家说："人的大脑是被动的，它只会接受命令，然后去做。"我觉得这句话有一定的道理。比如，我们一旦要做什么，大脑就会很配合，而我们做着做着，也就慢慢习惯了。所以，我很理解"规矩"与"方圆"的关系，也深刻懂得了为什么犹太人的教育理念里有这样一段至理名言："播种一种行为，收获一种习惯；播种一种习惯，收获一种性格；播种一种性格，收获一种命运。"孩子的命运如何，一定程度上取决于小时候父母给他播种了怎样的行为和习惯。

家是储备力量的地方

俞敏洪老师在一次讲座中曾提到，作为父母，很重要的一点是培养孩子"好的心情"，让孩子有一种热爱生命、热爱生活的态度。在这一点上，我父母教给了我很多。

在我上小学和初中时，我们家会定期举办家庭聚会，有时一个月一次，有时半个月一次。在20世纪80年代时，还没有现在的"农家乐"。当时，一到周末，父亲就会约上几个亲朋好友，各自带上家人，到武汉的东湖边或磨山山坡下支起帐篷，把塑料布铺在地上，每家都带上拿手好菜。几家人一边吃、一边玩，大人们玩扑克牌、打羽毛球，小孩子们跳橡皮筋、踢皮球。那是我特别开心的时刻，我经常从星期一就开始盼着星期天的到来，因为在那一天，我是浸泡在欢乐中的，一边可以与叔叔、阿姨家的孩子们一起玩耍，一边又能体会亲人之间快乐、友好相处的浓浓暖意。

另外，野营、家庭聚会这些经历也给父母提供了一个教我做饭的机会。我从小就学会了做饭，虽然我的父母都特别能干，很少要求我做家务，但母亲告诉我："你平时可以不做，但不做不代表你不会。一定程度上，会做饭的女孩会活得更从容。"每次准备周末的野餐时，父母都会让我参与。有一次，我跟父母一起包春卷，包得不好看，但父亲却在叔叔阿姨面前夸奖我："尝尝，这可是我们家女儿包的，造型新颖，味道也很不错哦！"叔叔阿姨都心领神会地拍手称赞，并且乐滋滋地过来抢着品尝。现在想想，他们是在用这样的方式鼓励我。就这样，我渐渐地学会了做各种特色凉菜和一些家常菜。结婚以后，做饭的事情就很自然地落在我的肩上，每当看到父母或我先生满足地吃着我做的饭菜时，我就特别开心，觉得生活很完美。也有一点得意：我也是"上得了厅堂、下得了厨房"的女人了！

这些年来，我能一直在事业和生活上保持全情投入，离不开父母从小给我的引导和鼓励，他们的教育使我热爱生活，全意付出，不怕困难。27岁时，因为工作表现出色，我从武汉分校调到北京新东方集团总部工作，负责全国30多个城市的少儿部管理工作。在出发之前，我很紧张，因为在总部工作的同事多半是名牌大学毕业的硕士和博士，他们能力都特别强，我不知道自己一个本科毕业的小丫头能否适应新环境。知道了我的担忧后，父亲很不以为然，他说："谁说你只是一个本科生？你只是到现在为止是个本科生。"接着，父亲给我讲了一个故事，他说，有一个智者，在他90岁生日那天，接受了一名记者的采访，记者问："你一生都住在这个小镇上吗？"智者回答："是的。"但他马上又补充道："是到现在为止我都住在这个小镇上。"父亲说："千万记住，不要把自己锁定在一个不变的状态里，凡事都要加上'到现在为止'。"

听了父亲的话，我茅塞顿开，兴冲冲地提着行李来到了北京总部。那一刻，我心里充满了对未来的憧憬，因为我是集团里最年轻的高级管理者，我有着长远的未来……

下篇
我 与 孩 子

　　我希望我的孩子能有一份悲天悯人、淡泊明志的情怀，能有积极乐观、坚持不懈的态度。有了这样的情感基础，孩子永远会积极向上地面对生活，不管所处的环境有多恶劣，她都会热爱生活，热爱明天。

宁静致远，从容做母亲

我怀孕的时间比较晚，应该算是高龄产妇了。但在怀孕期间，我仍被小伙伴们冠以"神奇的孕妇"的称号。不只是因为在孕期，没吐、没水肿、没食欲不振、没行动迟缓；也不只是在孕12周到32周的5个月里去了天津、沈阳、成都、重庆、台湾，还有泰国等地出差或旅行；还因为我常常和同事们从早9点到晚9点地开会，甚至孩子出生的前一天还在为新校区开业剪彩。更多的是，因为在整个孕期，我都是神采奕奕、步履轻盈的，最后孩子的出生也非常顺利。

现在孩子快一岁半了，活泼可爱、懂事听话，她两个多月时就能自己睡整夜觉，四个多月大我就开始带她出去旅行了，五个多月的时候会叫妈妈，一岁两个月左右就能说几百个字词了。很多朋友问我，你身上到底有什么能量？什么样的妈妈能孕育一个这样的"天使"宝宝？其实，我想告诉大家，秘密不是在于妈妈给孩子创造了一个什么样的外在条件。而是从怀孕开始，由准妈妈和准爸爸对待孩子的心境决定的。

关于是否要孩子的问题，我和先生认真讨论过许多次。因为我知道，孩子的出现将彻底地改变我们的生活，而且将绑定我的一生，直到生命的尽头。没有教科书可以教会你如何做一个合格的母亲。每一个女孩想成为母亲，都要经历从公主到人母的蜕变。

孕前准备：夫妻双方心智的成熟

在我的印象中，中国女性婚后对什么时候要孩子这个问题基本上可分为两种类型。第一种类型是结婚后短时间内要孩子的。双方父母也都不断劝说："你不要有负担，生完之后，你依然自由，孩子就包在我们身上了。"包括我父母，以及周围很多朋友，都是这样的想法。第二种类型则是不想太早生孩子的。这类夫妻会认为工作和生活压力大，希望能将生活条件创造好，包括孩子的成长环境等都考虑周全之后再迎接新生命。而在我看来，选择生孩子的时机，最重要的是看夫妻双方是否心智成熟。怎样才算是心智成熟呢？具体内容有以下两点。

首先，夫妻双方都应该清楚地知道，有了孩子，即意味着家庭文化和家庭关系又发展到了一个新的阶段。家里除了有双方父母、妻子丈夫这样的关系之外，还会出现父母和子女、祖父母和孙子孙女、外祖父母和外孙外孙女这样新的角色和关系。而在人类社会中，有了新的关系通常会诞生新的问题。比如，夫妻两人如何能够互相理解和配合引导全家人一起给孩子营造一个宽松和谐的家庭氛围？有了孩子以后如何履行自己作为父亲或母亲的责任？有了孩子以后夫妻双方如何还能保持各自的兴趣爱好和相对独立的空间？当双方父母的育儿观念不一致时，如何求同存异化解矛盾？如果有一天夫妻感情不和甚至破裂，如何减少带给孩子的伤害并使其健康成长？在要孩子之前，夫妻双方要对这些问题进行思考并达成一致，不要等到矛盾到来时再爆发激烈的争吵，影响家庭和谐的氛围。当时我们夫妻针对是否生孩子这个问题探讨了将近两年的时间，最终达成了共识：不管未来有什么样的困难，双方都要互相理解与信任，携手并肩地走下去，一起陪伴孩子的成长。

第二点，是能够以更加成熟的心态面对孩子未来的成长和教育问题。记得我曾经读过一个绘本，叫《有一天》，书中讲述母亲和孩子之间的情感故事。孩子从出生到长大，却伴随着妈妈从年轻到老去，孩子永远不懂父母的爱和希望是什么，直到有一天，孩子自己做了父母。记得当时读得热泪盈眶，我认为这就是生命传承的伟大。父母对子女的爱，是一种特别的爱，世界上其他类型的爱，其终极目标都是为了"在一起"，只有父母对子女的爱，是为了更放心地"离开"。孩子从一个小婴儿，成长为幼儿、少儿、青年，要经历上幼儿园、小学、中学，慢慢长大，会逐渐有自己的思想、自己的生活，有自己的孩子、自己的家……长大是孩子自己的事，就算父母也无法替代。认清这个事实，作为父母能意识到自己可以做的，只是去陪伴孩子成长，通过言传身教，潜移默化，使他成为一个乐观、自信、独立的人，最终放手让他独立生活。正如书中写道："我慢慢地、慢慢地了解到，所谓父母子女一场，只不过意味着，你和他的缘分就是今生今世不断地目送他的背影渐行渐远。你站立在小路的这一端，看着他逐渐消失在小路转弯的地方。而且，他用背影坚定地告诉你：不必追。"虽然这听起来很心酸，但却是每一个做父母逃不掉的事实。我们能做的，就是理性地面对这个事实，给孩子足够的陪伴和自由成长的空间，让他们成为自己，而不是父母所期望的模样。

当我觉得我们夫妻二人在心智方面都已经足够成熟，不管是应该具备的经济基础，还是对未来为人父母责任的思考，我们便开始准备迎接新生命的到来。值得感恩的是，准备的过程很顺利，没多久，一个新生命就孕育在我腹中了。

孕中的学习：胎教和家庭观念的统一

如今大家越来越重视胎教的作用，那么具体要怎么做呢？我认为，在孕期能给孩子最好的胎教主要有以下两点：

第一个是健康的生活方式，包括均衡的营养和规律的作息。在孕期，我始终保持健康、规律的一日三餐，并且非常注重饮食的营养均衡。尽管工作忙碌，入睡时间通常较晚，但是我睡觉的时候绝不会再想可能产生精神压力的事情，保证每晚都有七个小时以上连续、有品质的睡眠。

第二个就是健康的心态。我始终认为，孕妇思考问题的方式，情绪是否稳定、心情是否愉快，都能一定程度上影响腹中的胎儿。因此在整个孕期，我一直秉承着"不生气、不吵架"的六字方针，时时保持良好的心情，将好情绪传递给孩子。感觉这样做还是很有效果的，我的孩子虽然还小，但开朗爱笑、很少哭闹，也不认生。我认为孩子的这些表现都跟我在孕期时，注意保持营养摄入均衡和有一个乐观、舒畅的心态有关。

孕期的时候，我还做了一些胎教的具体训练。比如从宝宝五个月有胎动开始，定期给她播放柔和的音乐，我们夫妻俩也会轮流讲故事给孩子听，每天跟她聊聊天。我认为，孩子从她作为一个胎儿开始，就应该给予其足够的安全感，她合理的生理、心理需要应该被充分满足，这些做法会对孩子日后的性格、生活习惯的养成都有好处。比如，我的孩子出生两个多月时就能独自睡整夜觉了，晚上八九点钟睡，早上六七点钟醒，也很少哭闹，全家都沾光，有了好睡眠。

除了胎教之外，形成统一良好的家庭教育观念也很重要。

我请教了朋友圈内很多优秀的前辈们的育儿经，阅读了大量优生优育的书籍，比如，《郑玉巧育儿经》《崔玉涛图解家庭育儿》《西尔斯亲密育儿百科》《法国妈妈育儿经》等。做完这些功课后，我基本上形成了一套自己的育儿观念，但是仅自己被育儿观念"武装"起来是没有用的，还必须得把整个家庭的观念都融合统一起来。要记住，孩子受整个家庭的影响，不是妈妈一个人的。有些妈妈就容易犯这样的错误，认为"孩子是我生的，那就是独属于我的"。事实上，孩子不属于任何人，她是家庭教育的产物，也是社会的一员。妈妈，作为家庭的核心角色之一，怎样与其他家庭成员一起培养孩子积极乐观的心态和健全的人格，是首要考虑的重点。

通过沟通，我们整个家庭在教育孩子的观念上达成了共识。实际上从孕期开始，我就细致安排了家里的大小事情，比如，提前定好专业的月嫂，月子期间孩子的护理以月嫂的意见为主；全家人一起观看科学育儿的视频，学习现代育儿的方法。同时，普及一些科学育儿的观念。比如，尽量坚持母乳喂养，不能因为一时的奶水不足就中断；添加辅食要等到孩子半岁之后；给孩子留出独立成长的空间，不要总是干涉孩子对世界的探索……由于这些工作准备得充分、及时，全家人在教养孩子的问题上基本上达成了一致，这就形成了较为和谐的整体育儿氛围。现在，孩子快一岁半了，家里很少因为育儿观念不同而产生家庭矛盾，即使偶尔有一些隔代观念上的差异，也能很快地进行沟通，及时化解。

孕后的恢复：从容计划的受益者

说起来要感谢之前那些周密的计划和深入的思考，在整个怀孕期间，我的生活和事业都在有条不紊地进行。也就是说，我一直都在按照之前做好的计划，一步一步稳稳地走过从刚怀孕到产后恢复的过程。

出了月子，我的体重比以前仅仅胖了三四斤，大概两个月以后，就跟怀孕前的身体状态差不多了。在产后两个多月，我出席公司年会时，许多人感到惊讶：看你怀孕期间除了肚子大了些其他没什么变化，生完之后小肚子立刻就没了，你的身材是如何恢复这么快的呢？

其实，生活即管理。这一切看起来或许很轻松，但实际做的时候需要很强的恒心和毅力。生完孩子后我足足绑了42天的腹带，月子里也合理控制自己的饮食，遵循着"代谢排毒、养腰固肾、滋养泌乳、调整体质"的饮食步骤，淡盐少糖、少食多餐。我相信，一个有准备、有计划的人，在面对生活、事业、家庭的任何事情时都不会慌乱，可以做到闲庭信步、从容自如。

给孩子高质量的陪伴

因为平时工作很忙，需要经常出差，我没法像全职妈妈一样能一天24小时陪伴孩子。但只要有时间，我一定想办法使陪伴有更高的质量。同时，我也调整自己的工作节奏，保证每天早晚都能有一个小时的时间，陪着孩子一起度过，每周能有一整天的时间，带着孩子外出玩耍。我认为真正高质量的陪伴应该是家长跟孩子在一起的时候放松，孩子也觉得很愉悦。如果父母在陪孩子的时候感到很焦虑，这种焦虑会很容易传递给孩子。父母只有先爱自己才能爱孩子，只有自己心情愉悦才能带给孩子愉悦的感受。

我和我的女儿建立了紧密的亲子联系，虽然我陪她的时间有限，但是无论什么时候，只要有我在场，她都是最依恋我的。有时候我父母都很"嫉妒"我，认为我对孩子付出的时间最少，但孩子却最喜欢我。其实，只是因为我秉承了这条原则："如果你想成为一名优秀的老师，那么你在教学生的时候就多想想自己在做学生的时候，最喜欢的老师是怎样的；如果你想成为一位孩子尊敬和喜欢的父亲或者母亲，你就多想想自己在做孩子的时候，最希望父母是怎样对自己的。"虽然女儿到现在只有一岁半，但从她出生开始，我就把她当成一名成年人看待，跟她说话也都是说句子，从来不用幼儿的词语。我很照顾她的情绪和需求，不管她能不能听懂，我都会询问她的感受。跟她在一起的时光，尊重她的爱好和选择，满足她一切想试图认识这个世界的好奇心，哪怕会带来"灾难性"的后果。记得有一次我给她买了钓鱼玩具，她非要模仿大人给她洗澡的样子去给小鱼洗澡，而且要一条一条用淋浴的方式洗。虽然我知道这样会把她全身衣服都弄湿，但是我还是不想破坏她对世界的好奇心。于是，我给她换上防水罩衣，把她抱到水池边，拧开水龙头，陪着她一条一条地给小鱼洗澡。一边洗，我一边告诉她这条鱼的颜色和名字，有时候还故意把水洒到她的身上和她嬉闹。当给所有的小鱼洗完澡后，我们俩身上都弄湿了，但女儿特别高兴，并且不到半小时的工夫，就学会了四五个新的词语。

很多父母和孩子在一起，总是不停地挑剔、指挥孩子。孩子玩水，嫌孩子浪费水；孩子玩土，嫌孩子弄脏衣服；孩子自己吃饭，嫌孩子吃得慢，指挥孩子多吃青菜。父母们没有考虑到这个世界对我们成人来说很多事情是规矩流程、理所当然，但对孩子来说所有事物都是全新的，他们来到这个世界只有几年，甚至才几个月的时间。父母们为什么不能更有耐心一些，陪着他们一起去认识这个世界，探索这个世界呢？女儿最让其他父母羡慕的还有她对"吃饭"这件事的热爱！从5个月开始，我就把她放在单独的婴儿椅上吃饭了。全家人一起吃饭的时候，我会给她摆上餐具，告诉她这是盘子、勺子和碗筷。她一边摆弄着玩，我一边给她喂辅食。当她吃完了坐在餐椅里看着我们吃的时候，我们会刻意表现出吃得特别香的样子。她整日耳闻目睹我们吃得特别开心的样子，也特别喜欢吃饭，所以她的辅食添加进展得特别顺利。等她到了七八个月能自己用手或者勺子吃饭的时候，我就给她系上围兜，让她自己用小碗和勺子吃饭了。哪怕经常弄得身上、地上到处都是，我都会让她去尝试，保护她探索的勇气以及对食物的兴趣，慢慢地陪着她一起长大！

职场上的父母，虽然都知道陪伴对于孩子的重要性，但时间却总被各种事务占据。周末计划好带孩子出去玩，可是临时有同学、朋友聚会，孩子的陪伴就被暂时搁置；下了好几次决心晚上要陪孩子读绘本，可是每次都因为工作上的急事而耽搁。因为在很多父母心里，陪伴孩子是一件重要而非紧急的事情——我们总以为时间很长，以后还有机会补偿。然而，孩子最需要父母陪伴的时间也就是人生最初的那几年，等他慢慢长大了，就开始独立。而如果没有在孩子小的时候建立起足够的安全感和幸福感，那他的心理就可能会出现这样那样的问题，与父母的距离也会越来越远。而且自我认知理论告诉我们："人们总是以自己的行为为基础，来判断自己的信仰和理念。"如果我们总是把陪伴孩子当成生活中的备选项目，那么我们渐渐地就会认为自己没有那么爱孩子，而孩子感受到的也将是自己的不被接纳、不被爱。而当我们每天都花一定的时间陪伴孩子时，我们会与孩子建立更加深厚的感情，而这种感情又是让孩子快乐成长、获得幸福的源泉。如此才能形成良性亲子关系的循环。

关于高质量的陪伴，我有以下几点建议提供给忙碌的职场父母们：

1. 一家人在一起吃饭

一家人围在一起吃饭，这是我们国家的传统，是家庭关系和睦的表现，也是增进亲子关系的好方法。等我们长大了，离家远了，不能经常看到爸爸妈妈，但是仍然会记得家人一起吃饭的温馨画面，因为那里有爱的流转。不仅如此，也会对孩子的茁壮成长有所帮助。

2. 一起玩一些简单的家庭游戏

家庭游戏，即爸爸、妈妈（还可以有其他家庭成员）和孩子一起玩耍。可以是堆积木，可以是一起跳舞，可以是躲猫猫，也可以是一起做家务……当我们共同做一件快乐的事情时，情感联结会变得更加紧密。

3. 陪孩子读一本绘本，讲一个故事

陪孩子一起读一本书，和孩子一同成长，最适合的时间是每晚睡觉之前。当然，你也可以选择给孩子讲好的故事。不管是读绘本，还是讲故事，对孩子来说都是非常好的滋养。

4. 和孩子一起享受无所事事的时光

无所事事的亲子时光就是很多时候被大人看起来有些无聊的，但孩子却沉浸其中的时光。比如，孩子在反复搭几块积木，推倒，再搭起来；或者只是研究一块布头，就研究半天；再或者，只是玩水，从一只盆子里把水舀到另外一只盆子里。还有时候，是什么也不做，孩子就陪在你身旁，爬一爬，坐一坐，离开一会儿，又在你身边腻歪一会儿。千万别小看了这些看起来平淡无奇的陪伴。孩子们就是在貌似无意义的互动中认识世界、建构自我。这种琐碎的时光，还会给孩子提供安全感的滋养：爸妈就在我的身边，他们允许我去探索，我可以走得更远，且无须担心遇到危险，因为我知道，爸妈就在我的身后。

如果真的太忙，那也至少把周末的时间留给孩子。让孩子知道，在爸妈眼里他是多么重要，他是多么可爱，这会让他有很好的自我认同感，而对自己满意的感觉，也是一种幸福感。当我们用心陪伴孩子的时候，当一家人其乐融融地在一起做一件事情的时候，幸福就是真实存在的。这个时候，一家人的幸福是可以完全融合的，是可以用心灵去感受到的。很多年后，你会发现，幸福感是可以延续的，如果孩子童年时就能够拥有幸福感，并习得一些获取幸福的方法，那么，在多年后，孩子独立了，也有足够的能量来延续幸福。

记得美国的一位母亲安妮·斯通在《致世界的一封信》中说："请世界教予我的孩子——在这个世界，除了父母，不会再有人这么毫无保留地爱他、宠他。让我的孩子一生做到说好话，走好路，做好事，这就足够了。我还希望世界让他看见空中的飞鸟、日光里的蜜蜂、青山上的繁花。教予他，磊落的失败远比欺骗换来的成功更荣耀；教予他，坚持自我信念，哪怕人人言错；教予他，置群氓的喧嚣于不顾，在自觉正确时要挺身而战。世界请温柔地教予他，但是，不要娇惯他。请尽你所能。"

每每看到这段话，我都禁不住感动。这不仅是那位美国母亲对儿子的绵绵之爱，也是我对女儿的心声。

Chapter 8

养育孩子，成长自己

许 雁

　　既合理放手，又给予巨大的精神支持，把握好这个"放"与"不放"的度，真正做到"收放"自如，是我们做家长的一辈子的学问。

上篇
父母与我

　　现在回想起来，童年虽然有很多遗憾和忧伤，但或许就是因为那个时候有期盼，所以，即使父母把我交给列车员，让我独自一人回上海，我也没有感到害怕。这些经历在无形中培养了我的独立意识。

雁影分飞，四处漂泊

我出生在上海，童年是在上海和安徽两地辗转中度过的。当时父母从上海被下放到安徽阜阳接受再教育，后来又搬到巢湖东关镇，直至落实政策，返回合肥，并在20世纪90年代最终返回上海。

小时候，我和姐姐、表妹都被寄养在上海的祖父母家里。那时，给我印象最深的是动荡和不安。直到小学四年级，不停转学的我才开始稍微稳定下来，可以和父母长久地住在一起了。也就在那时，母亲将我的名字改成了"雁"字，一方面寓意我一直在沪皖两地转来转去；另一方面希望我长大后能往南飞，飞回她的家乡上海。

小时候，我最喜欢的就是坐火车回安徽，因为那样我就可以和父母在一起了。而等我与父母生活在一起的时候，每年的寒暑假又都盼望着可以坐火车回上海。现在每当回想起来，童年虽然有很多遗憾和忧伤，但或许就是因为那个时候有期盼，所以，即便父母把我交给列车员，让我独自一人回上海，我也没有感到害怕。这些经历在无形中培养了我的独立意识。

在我儿时的记忆里，很少有父母的影子，懵懵懂懂的我只记得每年的寒暑假，父母会去上海看望我和姐姐。尽管后来与父母生活在一起，但由于他们都忙于各自的工作，所以我跟他们似乎一直无法建立起特别亲密的关系。特别是母亲，常年带高三毕业班，又是班主任，很少有时间陪伴我和姐姐。那个时候，给我印象最深的就是经常有很多学生来我家看望父母。每当那时，母亲的笑容里总是充满了幸福。在高中阶段，我有幸成了母亲的学生。从那时起，我才逐渐理解，为什么有那么多学生喜欢母亲——大家不仅被她精彩的教学吸引，更重要的是她对学生无微不至的关心和爱护，是无法用言语来描述的。

父母的心里只有学生和事业，以至于我和姐姐成家立业后有了自己的孩子需要父母帮助时，他们还是选择了校园。这在外人看来是无法理解的，但我和姐姐还是会感谢父母，因为他们的确让我们学会了坚强和宽容。

现在，母亲已经离开了我们。在她生命的66年中，她将46年都奉献给了三尺讲台，我的母亲是一位将教学融进了灵魂的师者，永远值得我敬佩和热爱！

下篇
我与孩子

对于父母来说，养育孩子能得到的最大收获不是你能将孩子培养成什么样的人，而是你在培养孩子的过程中能否改变自己，能否得到成长。

鼓励孩子独立生活

和所有的妈妈一样，我也深爱着我的儿子，但我不希望自己成为他的拐杖。我认同这样一个观点，人首先要为自己而活，孩子也是一样。孩子是独立的个体，不是父母的私有物。孩子首先应该属于他自己，其次属于社会，孩子需要成为一个社会人。家庭教育就是为孩子将来走向社会、独立面对生活做准备。所以，在他很小的时候，我和他爸爸总是用称赞的方式鼓励他自己做事，从陪着他一起做，培养他的兴趣，再到鼓励他大胆尝试，让他独立承担，让他在做的过程中始终保持存在感和自豪感。

幼年时期，我们培养他自己吃饭、穿衣、系鞋带，整理自己的玩具箱；上幼儿园时，培养他整理自己的书包，学会分类摆放自己的学习用品，学会整理自己的书籍等；上寄宿小学时，培养他的时间管理意识，如在一定时间内完成自己的作业，若完不成，就只能牺牲自己的休闲时间继续完成；教会他整理自己的衣物，晚上睡觉时，要将第二天所穿的衣物准备好，放在自己的床边；学会刷球鞋、洗袜子等。这些小事情在无形中培养了他的生活自理能力。之后，我们又教孩子学会做简单的饭菜。对于教儿子做饭，一开始，我不太愿意让儿子进厨房，怕他被油溅到。后来，他爸爸说："都是做一些简单的活儿，溅一点油也没关系，即便烫到手，也烫不坏的，再加上有我们大人在旁边帮忙。"我想想也是，就开始教儿子做饭。从淘米、蒸饭，到教他切菜，我们都会轮番陪他一起做。那时，只要是他做的，不管味道如何，都会给予称赞。现在想想，当时的锻炼是值得的。现如今，儿子能自己做一些菜，或在我们需要时做一些力所能及的事，这让我感到很欣慰。

还记得在儿子小学四年级的暑假，我和他父亲都忙于工作，没有时间陪他，恰逢他爸爸单位组织员工以家庭为单位去井冈山和庐山旅游，便提出让孩子和单位的同事一起去。这样一来可以和其他家庭的孩子一起结伴游玩，二来也可以锻炼孩子的独立能力。我们在征得孩子同意后，就将孩子托付给了同事。在出发之前，他自己整理了行李。整个旅行的过程，我没有过问，都是他爸爸以电话联系。回来时，他把行李包里的衣服都洗过了，而且一件一件叠好带回了家，这让我们感到很意外。当时，他只是一个小学四年级的孩子，这让我非常感动。我问他："儿子，你怎么想到要把衣服洗了再带回来的？"他轻描淡写地说："如果不洗，这么热的天还不得捂臭了。"

我们从儿子上幼儿园时就开始培养他的自我保护意识。除了通过书本教他识别交通标识和公共场所标识外，每次带他上街或逛商场时，我们也会把握住机会，教给他相应的知识。例如，带他逛商场时，首先告诉他哪里是服务中心，告诉他如果我们走散了，要立刻去那里取得联系；如果遇到陌生人主动搭讪或要带他去哪里玩时，要立刻喊爸爸妈妈；坐电梯时要注意"左行右立"。而且，还叮嘱儿子记住一些重要的电话号码，以备应急。等到了他上小学一年级时，我还特地给他买了《野外生存手册》，在阅读中一起研究和模拟各种意外情况的应对方案。这些互动大大提升了儿子应对陌生环境的能力和信心。

我们小区里有卖水果的摊位。为了让儿子学会自己买东西，有时我会给他零钱，让他自己下楼买水果。刚开始，他很担心——如果被骗了怎么办？钱没有找回来怎么办？我鼓励说："没关系，你不要把别人想得那么坏。而且，只要你要跟人家讲清楚，比如你买一斤橘子，然后你去问人家应该怎么看秤，就没有问题的。"儿子不太情愿，但还是去了。自此之后，他便学会了如何买东西。因为只有亲力亲为，才能体验"得与失"，才能学会如何防范，如何自我保护。

在北京上寄宿学校时，为了让孩子学会坐公共汽车，我要求他坐学校的班车回市区，然后我们一起挤公共汽车回家。一开始，他不愿意，总想叫出租车，因为在他的脑海里，除了爸爸的车，就是出租车，只有这两样交通工具。为了让他改变之前的想法，我坚持陪他坐公共汽车。汽车来了时，我陪他一起上、一起下，等他对每个站点都熟悉了，我就告诉他："你大了，应该学会自己坐公交车了。"于是，再上车时，他先上，我后上，我也不和他站在一起。我会跟他讲清楚，要注意听售票员报站，不清楚就多问问售票员。

到站时，他必须自己下车，如果没下来，我也不会提醒，而是自己先下来站在路旁等他。越是这样，越不会发生差错，因为他的警惕性无形中就提高了很多。

其实孩子的成长就是这样一点一滴地走过来的，无须刻意追求什么，只要对孩子多一分鼓励，多一分赏识，就等于给孩子多了一分体验的勇气，而这种勇气需要父母"舍得"放手。一定程度上，父母应该把孩子当"大人"看待，不要将孩子养得依赖性过强，要分阶段慢慢放手，让他们在放手中，锻炼自己的抗压力和耐挫力；此外，父母应该把孩子当"宝贝"对待，让他们感受到我们的体贴与关爱，给予他们鼓励、支持，为他们撑起一片"无形的天空"。既合理放手，又给予巨大的精神支持，把握好这个"放"与"不放"的度，真正做到"收放"自如，是我们做家长的一辈子的学问。

寄宿带来的成长历练

　　每个家庭的教育观念都不相同，有人认为，孩子要天天跟父母在一起，父母给孩子安全感，寄宿缺乏安全感。而我却让儿子体验了寄宿。每个孩子的个性差异很大，寄宿本身无所谓好坏，需要结合孩子自身的个性来判断。并且寄宿并不意味着父母全线放手，不问不管。我的孩子在寄宿中学会了在群体中为人处世，应对和解决各种问题，去主动承担责任等。

　　孩子在幼儿园上小班时，曾寄宿了一个学期。刚开始的时候，他很不适应，老师说他总爱哭闹，特别是看到有别的家长来接孩子回家时，总是一边吃饭一边抹眼泪，等到晚上时，也就好了。我每周三、周五接他回家，有时，周二或周四的晚上会去探望他，陪伴他一会儿。那时，我经常鼓励他要勇敢，还告诉他，爸爸妈妈工作很忙，有时还会出差，不能天天在家里陪他。后来，孩子转学去武汉上中班和大班，由于条件所限，就放弃了寄宿。刚到武汉的幼儿园时，他的班主任跟我说："你的孩子跟其他孩子不一样。"她给我举了一个例子：开学第一天，早上进班级时，很多孩子都把鞋一脱，书包往地上一放就走开了，而我的儿子会将脱下的鞋整齐地放到鞋架上，也会将书包放在自己的小椅子边，一看就是受过这方面的培养。老师说得很有道理。在我的孩子上幼儿园小班寄宿时，老师培养了孩子这些方面的能力，而这些方面是很多家长训练不出来的，不是不训练，而是有的家长想不到，或者不忍心对孩子严格要求。

读小学时，我儿子再次回到北京，我们还是给他选择了寄宿学校。当时他上一年级，要和二三年级的学生混住在一个宿舍里。家里老人们担心他被人欺负，但是我觉得，如果他真的被人欺负，我相信老师会去处理的。退一万步讲，孩子之间产生摩擦是难免的，要大度对人，学会宽容，就算被欺负，吃点亏也没有关系，要学会自己处理。能自己解决的，就要自己解决，不要动辄就去老师那里"告状"。后来，当我和他一起回忆他小学的三年寄宿时光时，他说，其实在寄宿时是受过委屈的，但他没有向老师告状，也没有向妈妈诉说，不是自己解决了，就是自己忍忍过去了。寄宿学校就是一个社会群体的小缩影，在这样的环境中，让他独自承担，他的心理承受能力和应变能力得到了一定的磨炼，为他后来经历多次转学，快速适应新环境打下了基础。

允许孩子犯错

对于孩子品格的培养，我一直非常重视，而且注重用实际生活的事件替代空洞的说教。在"非典"期间，发生了一件事。当时，他在上海读书，学校每天在校门口给学生量体温，检查是否戴红领巾。有一天，他忘记戴红领巾了。到了学校门口，由于害怕扣分，不敢进校门，于是便回家了。到了家里，我问他："你怎么没去上学呢？"他告诉我："我量体温的时候体温高，所以门卫不让我进去。"他说的时候很镇定，我就相信了，但我还是不放心，就跟他说："如果真是这样，你的老师会给我打电话的。"

果然，没过多久，班主任的电话就打了过来，问我孩子为什么没有去学校，并告诉我，有同学看到他没有戴红领巾，快到校门口的时候又走了，而且他根本没有去测量体温，因为医护老师那里没有他的记录。老师让我把孩子送到学校。放下电话后，我问孩子，老师说的是否是实情。他承认了自己的错误，但他不愿意去学校上课，觉得去了会很没面子。我坚定地说："你今天必须去。第一，妈妈会送你去；第二，你们班主任跟我说，她不会当着班上同学的面批评你，会让你很自然地进班级，先把课上完再说。但是，放学后你要主动去找老师，撤掉你的中队干部的职务，因为你说谎了，没有给同学们做好榜样。"当时我跟他讲这些，他不能理解。到学校后，老师先让他进了教室。我便跟班主任提出，希望在这件事情上给予他一定的处罚，撤掉他中队干部的职务，这样做是想让他意识到说谎的严重性。如果不受到处罚，他以后还会说谎。如此下去，后果很可怕，我要让他知道，因为他的行为，已经失去了榜样的作用了，所以他没有资格再去管理其他同学。

班主任处理得非常好，没有当着全班同学批评我的孩子，而是选在周末班会上跟班级同学说，因为某些原因，孩子自己提出不做中队干部了。这样一来，反倒是很多同学不乐意了，因为我的儿子在同学中很有威望，平时跟同学相处融恰。这件事对他的影响很大。但孩子毕竟是孩子，在随后的成长过程中，还是会犯同样的错误，尽管有时是"善意"的谎言，比如报喜不报忧，比如因为怕我生气，而不说实话。但我依然会每次耐心地纠正他，并告诉他不必说谎，也不用太担心。

他爸爸说我对孩子的管理太严格、太急躁，无形中给孩子的心理压力过大。有一次，我跟儿子交流，让他大胆地指出我身上的问题。他跟我说："其实你有的时候很凶，说话声音很大，我很紧张，一紧张我就不想跟你说话了。而我做错事情，就更不敢说了。有些要求，就算提了也没有用，你肯定不会同意。"听到孩子给我指出这些问题，我很感慨，也很感谢他有勇气说出实话，并向他承诺以后一定改正。

　　作为家长，一方面要正视孩子在成长中的每一次错误，允许孩子犯错，培养孩子知错就改的好习惯；另一方面，要让孩子知道，大人也会犯错，犯错后要勇于承担，大人也要时时提醒自己，用自己的言行给孩子树立榜样。

陪伴儿子一起成长

　　在很多事情上，我们都让儿子独立思考和自行处理，对孩子的想法，只要是合理的，都会大力支持。比如，儿子在上海读书的时候，学校经常要求学生做一些有意义的活动。有一次，老师安排了"走红军路"小队活动，要求各小队自行组织，步行参观上海的中共一大、二大会址和毛泽东故居等，并要求各小队做好活动记录。当时有很多家长担心这项活动，认为这样让孩子自由行动，万一出事了怎么办。我的孩子是小队长，他和队员们都十分想进行这次活动。我和他爸爸商量后决定，由他爸爸出面协助他组织这次活动。他爸爸说："如果家长担心安全问题，我这个家长出来陪同你们一天，但是有一个条件，就是你们小队还是自己去活动，我就在后面跟着，这样可以让其他家长都放心。"这个决定得到了其他家长的一致赞同后，我们就协助孩子，开始做准备。第一，学会看地图。在地图上标出要去的地方，寻找出合适的路线。第二，学会分配任务。给每位队员合理安排好各自的任务。比如，谁负责拍照，谁负责做记录，谁负责保管好小队队旗；在活动结束后，谁组稿，谁做PPT，谁在班会上做汇报陈述。第三，学会合理安排时间和活动费用。设定好集合地点和行程，做好一天活动费用的预算，并实行AA制。然后，将这些内容写下来，我们负责帮他打印好后，再一一发给小组队员。他爸爸就这样跟着他们走了一整天。这次小队活动举办得很成功，小队的成员至今对那次活动都还记忆犹新。

记得2006年春节，我们一家去厦门度假。儿子在一家音像店中发现了一套宫崎骏作品集，他兴奋不已，跟我说其他动画碟片都可以不买，但这一套一定要买。也许是因为好奇，看儿子这么痴迷，作为妈妈，我想知道儿子为什么爱看。我陪他一起看到最后，结果，我和儿子结为了盟友，并比儿子更喜爱片中的音乐。

所以我非常感谢我的儿子，是他引领我走进了宫崎骏和久石让的世界，为我们母子的沟通增添了新的话题。其实，与自己孩子沟通的方式有很多种，不需要刻意去设计。只有当父母进入孩子的心，他们才会与父母成为真正的朋友。而了解他们每个阶段爱看、爱听、爱读和爱玩的内容，是一种很棒的方式。倘若在了解中还能与他们产生共鸣，那就等于拉近了父母与孩子之间的距离。比如：人人都知道阅读的重要性，那父母能不能舍弃自己的一些时间与孩子共同读一本书，读一本孩子自己挑选的书，然后就书中的主题内容，与孩子共同探讨呢？而不是仅仅给孩子挑选一本书，或者是将选择的书定位在"复习资料"上。诸如此类的问题，需要父母去思考、改变的有很多。

回想一路陪伴儿子成长的心路历程，我越发感觉到，在孩子成长的每个阶段，对其心灵的引导是非常重要的。这种引导是双向的平等交流，这种双向的过程不仅仅是父母在引导孩子，更是孩子在引导父母，引导父母改变"唯我独尊"的观念。对于父母来说，养育孩子能得到的最大收获不是你能将孩子培养成什么样的人，而是你在培养孩子的过程中能否改变自己，能否得到成长。这种双向式的成长比只满足孩子的物质需求更重要。因为在这一过程中，孩子会感受到自己的力量和价值。

学在路上，乐从心生

在不同阶段，由于孩子的学习认知能力不同，我们给孩子提供的学习方式和训练的侧重点也应该有所不同。比如，孩子三岁后，喜欢捣鼓他的各种电动拼装玩具，对变形小机器人的组装尤其感兴趣。他爸爸就给他配好小工具箱，让他方便拆装。如果拆了后装不上，我们不会再给他买新的，而是告诉他怎么图解，鼓励他继续拼装。拼装成功后，我们会再奖励给他一个难度更大的组装玩具。再比如，这个阶段的孩子都非常喜欢听大人们讲故事。但如果仅仅是听故事，而不去阶段性地对孩子进行陈述故事的训练，也是不够的。因为在众人面前讲故事，一方面能锻炼孩子的胆量，另一方面能锻炼孩子的语言组织能力和表达能力。记得在他上幼儿园中班时，我开始对他进行故事阅读思维训练，我不仅给他讲故事，还引导他给故事编开头、结尾和情节，或对故事提出质疑，改编故事等。虽然我不会要求孩子背诵故事，但我会要求他用自己的语言复述故事。

从上幼儿园起，我们领孩子去的最多的地方就是书店和博物馆。我们和孩子共同阅读一本书，读完后与孩子畅谈感受，交换各自的想法。这种方式我们坚持了很久，当习惯逐渐养成后，就算现在我们分隔两地，他还经常推荐我们阅读他选择的书籍。小时候带他去博物馆，则是最令他激动的一件事。这可以让他感受到世界的丰富多彩，也激发了他的好奇心和求知欲。直到现在，他还记得小时候在海洋馆、科技馆和自然博物馆里看到和学到的比学校里学的知识有意思。他说："如果让我在学校课程和博物馆之间做个选择，我首选博物馆，因为我记忆中的知识有一大半都来自那里，有趣又难忘。"孩子小时候没有上过培优班，也没有专门学过乐器，没有一项考级专长，也没有获得过市级以上学科竞赛大奖。若按照以竞赛获奖和一技之长的标准来衡量的话，我的孩子算不上"优秀"，他没有什么傲人的成绩。因为从小跟着我走南闯北，因此孩子的求学道路很波折——小学一到三年级时在北京，四年级转到上海，在上海读到初三后，因为家庭原因，又辗转到武汉读书。

　　武汉的求学经历让他懂得了"适者生存"的真正含义。首先，上海与武汉的学习环境大不相同。在上海时，学习氛围较为轻松。到了武汉，学校的氛围相比之下压抑而紧张，学习成绩成为一项重要的衡量指标。而且，两地的课程设置和中考内容完全不同，我们要重新补修。

　　临近中考前的一个月，面对不同的中考内容和陌生的学习环境，儿子很不适应，压力越来越大，内心很孤寂。于是，在那段时间，我放下了手头的工作，每天陪他去听课。我坐在教室最后一排旁听，做笔记，有问题便和老师交流，了解武汉中考的动向。一方面在精神上给予孩子强有力的支撑，告诉他，靠自学同样能考上高中；另一方面，告诉他要学会从不同的角度来看待这次转学。我对儿子说："人首先要学会适应环境。抱怨改变不了结果，只能坦然接受，坚强面对，就当这是上天对你的恩赐，多给你一次机会去历练，因为这件事让你经历了其他同龄人没有过的感受，这是你一生的财富。其次，这件事让你了解了怎样面对应试教育，知道任何事情都可能存在不公平，教育也是如此。在武汉周边的一些地区，还有比现在的学习条件更艰苦的地方，那些同学就在艰苦的环境下读书。相比之下，你就幸福多了，至少还有妈妈陪着你一起读书。"我们最后将他的报考学校挂靠在武汉周边的一个镇上的学校，当我们带他去参观时，看到那里的同学们相对艰苦的学习环境后，他受到了触动。最终，在老师的帮助下，他恢复了学习的信心，学习成绩提高得很快。而且，他在中考中取得了优秀的成绩。

在孩子高中阶段时，由于我母亲病重，我不得不离开武汉，孩子的爸爸也因为工作繁忙无法在武汉继续陪孩子，孩子只能由奶奶照看。我们每周通话一次，告诉他家里的境况，并叮嘱他照顾自己，不用为我们担忧，希望他能承担，为我们分担困难。那段时间，我们有一年多没有与孩子在一起，现在想来，确实很遗憾，但一年多的独立生活，也培养了孩子自理、自律的能力。人生就是这样，有所得必有所失，总是在得失中度过。

今年春节后，我回到了儿子身边，开始帮助他调整复习策略，建立学习信心。在我看来，这比高考分数更重要。孩子曾经有过报考艺术类专业的想法，目的是为了缓解复习压力，因为在他看来，艺术专业一定程度上可以帮助自己考上重点大学，考回上海。我没有同意，因为投机学习是不可取的。我告诉他，要承受得起高考的压力，而不是去逃避。有时我也会反思，把他放到和原来相比有着天壤之别的学习环境中，让他去面对困境是不是太残忍了？但后来我又想，究竟什么是好的学习环境呢？我能一辈子给孩子提供"温室"吗？不知道儿子有没有怪我，但愿他能理解。我无法推测未来，也许我的这种做法会让儿子走点弯路，受点苦，但我坚信，耐挫教育是孩子成长中必备的一环。

对于孩子是否出国留学这个问题，我一直在思考，到底要不要把他送出去，什么时候送出去。送出国去上学，并不是一劳永逸的，国外并非天堂。国外的学习压力不比国内的小，从某种程度上来说，那种在不同的教学理念下产生的教学方式会让刚去的孩子很不适应，更何况还有语言的差异。可能有些家长认为只要考好雅思或托福就行，但考试类英文和学术类英文是有所差异的。这个适应期并非每个孩子都能安然度过，换句话说，这是一种综合性的过渡。如果孩子的心智、抗压耐挫能力和自立自理能力不成熟，就会产生很多问题。有时候，我们不能对孩子太"一厢情愿"。正所谓"小草有小草的出息，大树有大树的作为"。从小到大，我们对孩子做的种种努力是否都能让孩子从内心真正地接受呢？一路走来，不可能一帆风顺，淘气、爱玩、说谎、叛逆这些过程都会经历，这就是孩子！让孩子自己去不断体验，失败也好，错误也罢，这些都有利于他发展健全的心智，并在错误中总结经验，得到成长。

"学在路上，乐从心生。"——这是在距高考100天时，我们母子一路走、一路谈心后对这段时间学习状态的总结。不对孩子最后高考的结果做过多的预测和要求，没有过高的期望，他在一年多后，在高考一天天逼近的情况下还能感受到学习的快乐就足够了。因为我告诉孩子，有了这种状态，才能在今后的成长过程中抱有一种"终身学习"的心态。高考是人生中很重要的一次考验，但不是唯一。孩子马上就要18岁了，我会告诉他，在他的成长过程中，我也在不断成长！

培养简单爱的能力

有些父母不仅想为自己的子女倾其所有，还想为子女的后代奉献一生，这种传统的儿孙满堂的生活方式会让他们有一种成就感。我不在此评价，只是自己正处于上有老、下有小，事业上升发展的阶段，所以很想谈谈自己的一些想法。

第一，父母在为孩子全身心付出的时候，请不要将这种爱赋予太多凝重的色彩，这样会给孩子带来太大的压力；更不要等孩子长大后要展翅高飞时，觉得内心落寞。孩子不只属于父母，他还属于自己，属于社会。

第二，当你成为父母的时候，不要忘记自己首先是一个独立的人，对孩子尽责是必须的，但尽责的方式不只是操劳孩子的衣食住行，不只是给孩子提供一定的物质条件。假若你在含辛茹苦抚养孩子的时候，忽视了健康，漠视了事业发展，怠慢了自己的修身养性，忽略了与孩子在不同阶段成长时的心灵沟通，那才是对孩子的成长不负责任。等到孩子能够自食其力的时候，你突然发现孩子已经不需要你了，你的思想、教诲，你提供的一切都无法满足他，而此刻你自己却一无所有，这个一无所有不是指物质上的，最主要的是，你已经无法再融入这个社会，无法在这个社会上找到自己的位置。当你无法拥有自己独立的精神世界时，又将怎么度过你的余生呢？

其实，人与人之间又何尝不是如此，爱就是爱，它很纯粹，不夹杂任何其他的成分。只有当一个人真正卸下了心头的包袱，给心注入自由的力量时，他才能勇敢地飞翔。每个人在付出爱的同时不迷失自己，也就回归到朴素而简单的爱了。

Chapter 9

孩子是遗传加环境的产物

孙 畅

如果在孩子小的时候，父母教育得当，孩子茁壮成长，以后每天都是母亲节。反之，每天都会是"母亲劫"。

上篇

父 母 与 我

　　虽然身为女性，且一直学习文科知识，但我思考问题的逻辑性很强，处理问题也非常理性，这都得益于从小父亲培育我的逻辑思维。

数学家父亲带给我的逻辑

我生活在一个严父慈母式的家庭中，父亲很严厉，母亲很慈祥。

我的父亲出生在江苏，是个数学家。他毕业于中国科技大学，学的是应用数学，师从华罗庚。在我眼里，父亲就是为数学而生的，他不仅每天工作在数学里，即便是在现实生活中，很多事情到了他的眼里，也立刻跟数学有了关系。记得我四五岁时，父亲经常在晚饭后拉着我的手在大院里散步，每次散步时都给我讲故事，故事大多都是《九章算术》里的各种问题。我记得最清楚的就是"鸡兔同笼"的问题，那时我被父亲训练得张嘴就能回答出几只兔子、几只鸡、几条腿、几个头。现在，看女儿做的奥数题，发现跟我小时候玩的数学游戏是一样的。

在我的童年生活中，父亲经常把一些生活中的问题与数学联系起来，不是归纳就是推理，还时不时编出一两道数学题让我回答。如果我算错了，他便让我重新再来。有时我不愿意算或态度不好，父亲就会生气，为了不惹父亲生气，我养成了认真对待每一道数学题的习惯。从小到大，我都是在解数学题中度过的，枯燥的时候多，欢乐的时候少。在我的记忆中，不论是小测验还是大考试，我的数学成绩一直都是满分，高考时我的数学成绩也是满分。虽然身为女性，且一直学习文科知识，但我思考问题的逻辑性很强，处理问题也非常理性，这都得益于从小父亲培育我的逻辑思维。我一直认为，人的智力水平受遗传影响，但思维模式可以后天训练。所以，每每回忆起这些，我都很感谢父亲对我数学方面的教导和培养。

在我的印象中，父亲和我聊天时唯一不谈数学的一次是在我读大一时。那次，我放假回家，晚饭后，父亲拉着我的手在院子里散步，给我讲了一部他前一天看过的电影，名字我记不清了，讲的是一个忠诚的爱情故事。父亲一直非常反对孩子上学时谈恋爱，在我上大学之前，他找我谈话，明确要求我大学期间不许谈恋爱。所以，他给我讲这部电影，我不仅没心思听，心里还十分紧张和害怕，一直在猜想，父亲到底要表达什么呢？

那天，父亲不仅给我讲电影，还给我讲他和我母亲恋爱的故事，讲他年轻时是怎么喜欢上我母亲的，讲他对爱情的理解。我们聊了两个多小时，最后，父亲给我讲了他眼中的好男人是什么样的，我应该怎样去选择男朋友。直到我长大后，才意识到那次谈话的意义。在我的成长过程中，父亲一直扮演着严厉的角色。但是，在那次谈话以后，我发现父亲对生活有很多感受，只是他一直深藏不露。父亲对我的爱也是全方位的，只是他严格把控着每一种情感应该表达的时间点，这大概就是数学家的逻辑吧。

我大学毕业不久，父亲就去世了，他留给我的是一个完美男人的形象。在他去世后的这20年里，每每梦见父亲，都是他的手拉着我的手，对我牵肠挂肚地诉说……

优秀母亲对我的引领和影响

我的母亲也十分优秀，初中毕业就留校做了校团委的老师。但我的母亲并不愿意止步于此，她还想继续读书，于是就给团中央领导写信，说明自己的情况和希望能继续读书的愿望，并申请到北京报考当时的北京女子第十三中学。母亲很快就收到了回信，团中央同意她到北京参加考试。结果，母亲以优异的成绩顺利地进入该校读书。毕业之后，她又考取了清华大学。母亲的故事，我听过很多遍，都是亲友们给我讲的，她的经历使我从小对闯天下充满了向往。

母亲性格开朗、心灵手巧。我小时候的衣服全都是母亲手工制作的。母亲做的衣服，不仅样式新颖，而且每一件都会绣上美丽的图案，这让我在小朋友和同学中很有"面子"。我上中学之后，母亲便开始教我绣花、织毛衣、踩缝纫机。大学期间，让我较有成就感的一件事就是给宿舍的每个姐妹都做了一条裙裤，这在当时是非常时尚的。七个姐妹穿上七条颜色不同的裙裤，一起走在校园里，回头率奇高无比。

母亲很小就开始独自闯荡，并得到了很好的发展，所以，母亲就有意识地从小培养我的独立性。从我上小学五年级开始，母亲就让我一个人从北京坐火车去内蒙古看望我的姥姥。别人都担心我的安全，母亲却不以为然，她认为孩子需要自己去经历一些事情，才能体验到和在家不一样的感受。每当我安全返回时，母亲都会笑着对我说："我就说嘛，你一点问题都没有，你还可以去更远的地方。"

正是母亲的这种鼓励和信任，使我对自己的信心大增，在母亲有意安排的各种"锻炼"中，我独立处理问题的能力逐渐提升。所以，我从小一直很独立，在困难面前很少有畏惧心理。同学们不论谁遇到问题，都愿意来找我做"参谋"，我每次都能让同学满意而归。因此，我也一直都很受同学们的欢迎。

下篇
我 与 孩 子

　　孩子是遗传和环境共同的产物。父母在孩子幼小
的心灵上面雕琢什么，孩子就会呈现出什么模样。

把学习变成游戏

我有一个女儿，在教育女儿的过程中，我发现对年龄尚小的孩子要求过于严格，会让孩子产生压抑的感觉。对于女儿，我的教育理念是，希望她活得轻松一些，希望她在学习中也能体会到点点滴滴的快乐。

有些家长喜欢在家里的墙上贴满方块字，然后告诉孩子这个字念什么，那个字念什么，孩子就机械地跟着家长读。我觉得用这种方法教孩子学认字很枯燥，时间长了，孩子可能会产生逆反心理。我尽量把教女儿识字变成一个游戏，刚开始时，我喜欢选择一些有故事性的字讲给她听，比如讲"鸟"字时，我先给女儿讲鸟与飞的关系，讲"鸟"字原来是什么样子，现在是什么样子，以及它是怎样演变的。然后，我们再一起用这个字来组词：飞鸟、小鸟、百灵鸟……这样，女儿不仅认识了一个字，还认识了一组词。我这样做的目的是想让女儿的学习既有内容，又充满情感和想象。对于女儿在音乐、数学等方面的学习，我也尽可能用情景化的方式进行。让她慢慢体验，有了感觉再慢慢深入地学习，所以，她对学新知识一直保有很大的热情，这让我无比欣慰。

按纹路去雕琢

在我看来，学前年龄的孩子可分为两个阶段，一到三岁为一个阶段，三到六岁为一个阶段。前者是低幼阶段，需要父母在家里抚养，后者是幼儿园阶段，是学校教育与家庭教育相结合的时期。在幼儿园阶段，父母需要积极配合学校教育，因为这个时期孩子的教育进入了多元化阶段。现在，市场上有很多针对幼儿教育的图书，但很多书并没有给家长们提出一个明确并且简单易行的指导方法，所以，还是需要家长们自己去摸索。

我女儿在一到三岁这个阶段是完全在家里生活的，我没有过度地喂养女儿，也没有给女儿补充任何营养品。在我小时候，也没有吃过什么特殊的东西，就是经常在外面晒太阳、做运动。在女儿一岁之前，我的教育是以"听"为主，首先是让她听音乐和一些标准的唐诗宋词的配乐朗诵。在选阿姨时，我特意选了一个开朗热情的，不是为了教女儿说话，而是要让女儿听到别人在不停地讲话，我认为这种环境对她的语言发展特别重要。

另外，我还会给孩子听一些适合她年龄段容易理解的歌谣。我认为，孩子在一到两岁时应该以听带音律的语言为主。因为这一阶段正是他们开始学发音的阶段，孩子喜欢不停地重复。一岁的孩子学语言主要靠耳朵。所以，我让女儿不停地听、辨别。我给她听的歌谣有中文也有英文，女儿在初学说话时，是英文和中文一起学的，她看的动画片既有中文的，又有英文的。后来，通过观察，我发现，小孩学语言的规律就是听到了就重复，重复的次数多了，她就能说出相对有些难度的句子。

女儿两岁后，我鼓励女儿多讲话、多讲故事。两岁的孩子喜欢喋喋不休地说叠音字，如"果果""饭饭"之类，但家长不能用这种方式跟孩子说话，孩子这样说是因为语言能力没发育到位，如果父母也这么说，孩子就会把这种语言模式固定下来。而我们生活中的实际情况不是这样的。如果教得不规范，今后就需要花很大的力气去帮助孩子改正，不如一步到位地做正确的事。父母应该用完整的一句话跟孩子交流，尽管孩子不能立刻做出回应，但他们会听到正确的模板，并印刻在自己的大脑中。

女儿三岁以后，到了上幼儿园的阶段。我开始给她听一些故事性的东西，但我是有选择性地让她听，我认为为男孩和女孩所选的故事内容应该各有侧重，因为学语言的过程不仅是学说话的过程，更是孩子认知世界的过程。所以，我给女儿选择的是关于公主、花儿等一些比较美好的主题。

尽管适合孩子的读物有很多，但父母如何选择很重要，如果选择了不恰当的读物，教育效果就会适得其反。比如，我弟弟经常给他的儿子听《西游记》的故事，因为他认为男孩听些壮志凌云类的故事会培养男子气概。但是，现在我的小侄子似乎有点暴力倾向，在幼儿园喜欢跟小朋友打架，这让他的父母和老师都很头痛。其实，这不能完全怪孩子，孩子生来是一张白纸，是大人在他的大脑中储存了孙悟空这个形象，他以为《西游记》就是世界的雏形，孙悟空就是英雄。他接受了，自然要去模仿和实践。后来我跟孩子的妈妈一起分析，得出孩子不能仅听一个主题的结论。孙悟空这个角色固然很好，孩子们都很喜欢，但过于单一地对孩子进行一种强化，则会在一定程度上失之偏颇。后来，我建议他们让孩子听一些科学类的故事。半年以后，孩子的状态才慢慢开始改变。

这件事让我认识到，孩子是遗传和环境的共同产物。父母在孩子幼小的心灵上面雕琢什么，孩子就会呈现出什么模样。所以说一个孩子的成长，受家庭和父母的影响最大，这话很有道理。如果在孩子小的时候，父母教育得当，孩子茁壮成长，以后每天都是母亲节。反之，每天都会是"母亲劫"。

自然，才会润物细无声

女儿在三周岁时，我把她送到了幼儿园。同时，我让她开始接受音乐教育，这期间她学了弹钢琴和唱歌。在女儿四五岁时，我就有意识地跟她一起讲故事。我先讲一个故事的开头，然后我们一起去编故事情节。我从特别简单的故事开始讲，比如"龟兔赛跑"，我和女儿互换角色，扮演故事人物，当她对故事烂熟于心的时候，我们开始设计故事的其他结局。首先，我们让乌龟和兔子两个伙伴互相帮助，一起到达终点，然后，再增加故事情节，这样可以增强女儿的参与意识，激发她的想象力。有时候，我会把女儿熟悉的小兔子、小公主、小红帽的形象放在一起，随意编一个新故事讲给女儿听，也会让女儿根据当前的情境自己编一个故事讲给我听。女儿很喜欢这种游戏，不知不觉中，她的想象力和创造力得到了很大的发展。

到了六岁半，女儿上小学了。我把小学分成低年级和高年级两个阶段，低年级是小学一年级到三年级，四年级以上算高年级阶段。在女儿上小学后，我把主要目标放在培养她良好的学习习惯和自控能力方面，至于是否能考100分，我觉得没有那么重要。整个一年级，我跟女儿强调的是过程的重要性，因为这时的考试结果不太能说明什么问题。我女儿现在七岁，等她读完四年级之后，我再跟她强调结果也为时不晚。因为到那时，很多东西她都应该懂得其中的意义了。

在日常生活中，包括吃饭、开车和散步，我会看见什么就给女儿讲什么。这种适时的教育不仅润物细无声，效果也很好。但这么做对父母来说是一个考验，因为这需要父母有足够的信息储备，还需要父母对教育孩子有一种坚持的精神。我看到一些家长经常心血来潮，有时会买一堆书看，然后突击教育，过些天，一忙起来就什么都顾不上了。这样很不好，会让孩子的精神世界"饥一顿、饱一顿"，孩子就会没有规律可循。在这方面，我一直比较清醒，比如，我希望女儿一年之内进步到什么程度，为了这个进步，我大概要做些什么，分几步走，我都会事先计划好，然后再按部就班地去完成。

教育中的斗智斗勇

我女儿没有我小时候听话。但我觉得在这个大环境里，孩子展现自我的个性其实是一件好事，她对长辈和老师不再有无谓的恐慌，这会给她增加很多正向的能量，使她的内心充满阳光和勇气。但这也有一个问题，比如她很想考100分，或很想得到老师表扬，但当她发现自己想要的某个东西需要付出很大努力才能得到时，她就会认为是否获得那个东西都没关系了，于是她便不想考100分了，也不用老师表扬了。

我对女儿得100分还是得90分并不在意，但我在意她在这个过程中的做事态度，她都做了些什么，是怎么做的。虽然她现在年龄小，做错了事大人可以原谅，但有一件事我从不放松，那就是，她必须理解有付出才有结果。好的结果可以给她带来欢乐，但过程也许并没那么轻松。她目前还不能理解一些东西，虽然我给她讲的时候，她似乎懂了，但碰到具体问题时还是做不到。比如，对于每天的练琴"任务"，她有时会敷衍了事；如果某天作业太多了，她会拖延着不想做。我目前的计划是用半年的时间让她认识到生活中有些东西是必须要去做的，这些事可能缺少一些乐趣，但她必须勇敢接受，因为这是她的责任。在教育的过程中，有时会有一番斗智斗勇，但只要女儿能最终接受自己的责任并为之努力，我还是愿意为此精心设计一番的。

扬长避短，因人施教

虽然我是教育专业出身的，但坦白来说，当年我的功课并不像现在这么学。我上学的时候，老师总是说："天才是百分之一的灵感加百分之九十九的汗水。"但我的经验告诉自己，实际情况可能不是这样的。我认为人的学习能力是有差异的，这差异很大一部分来自遗传。所以，我觉得在女儿小学这个阶段，最重要的任务不是督促她拼命学习、争取考100分，而是要在家庭生活中观察她的行为模式和兴趣爱好，看看女儿那"百分之一"的灵感在哪里。在观察女儿优势能力这方面，我不会过分指望老师，因为在学校里，老师面对的是一个班级的孩子，她不可能准确观察到每个孩子的每一点细微表现。而在家里，我们做父母的可以观察到孩子各方面的表现，因为我们是一对一的。我相信，每个孩子都有自己的优势和特长，也有自己的弱项。在幼儿园和小学阶段，把孩子的这些特点挖掘出来，然后再进行扬长避短的教育和鼓励，我觉得会更实际、更有效。

三至六岁是孩子音乐感觉发展的关键期。在女儿三至六岁时，我开始让她接受音乐教育。在这期间，女儿学习了钢琴和唱歌，我只是根据她的兴趣让她学，而不是一定要把她培养成音乐家。所以，我和女儿都感到很轻松。在女儿五岁时，我送她去新东方的"泡泡少儿英语"，因为我觉得她对"泡泡少儿英语"的教育内容感兴趣。上了"泡泡"课程后，因为她英语发音纯正，故事讲得很好，老师不断地肯定她的这些优点，这让她特别受鼓舞，学英语和讲故事的兴趣更浓厚了。

女儿在一天天地长大，她必然要去面对现实生活。在国内当前的教育环境中，她无法避免学校的压力——升学、考试、排名，因为她不得不坐上这趟教育的列车。这个时候，如果我不能很好地了解她，那么我对她的引导就可能就会出现偏差，很多努力都会事倍功半。有一句话是："方向不对，努力白费。"我觉得用在孩子的教育上，也很有启发。我预感女儿的语文要比数学好很多，但我不会像一些父母那样让她暂缓对语文的努力，把精力都放在补习数学上，我希望女儿的学业能顺其自然地发展。

最近，我看到了"天才是百分之一的灵感加百分之九十九的汗水"这句话的完整版，这句话出自大发明家爱迪生之口，他与朋友谈及自己的成功时说："天才是百分之一的灵感加百分之九十九的汗水。但这百分之一的灵感比百分之九十九的汗水更重要。"这些年来，我们只记住了爱迪生的前半句话，而没有记住完整版，目的就是要强调努力的重要性，但很多成功者的经验告诉我，人是靠自己的特长为社会服务的，盲目的努力不一定是成功的前提，而人的全面发展也不过是人类的一个美好愿景而已，对绝大多数人来说是难以做到的。所以，我会清醒地面对女儿的现状，而不是按我的意愿为她设计一个我理想的未来。

我慢慢地发现，作为孩子的母亲，我应该接受女儿与我不同，女儿来到这个世界，有她自己的人生道路和使命，协助她走好自己的人生，完成属于她自己的使命，是我最基本的义务，也是每一个母亲的最高境界。为了达到这个目标，我还需要不断地修炼自己，我知道这很难，不过，为了女儿的快乐和幸福，我愿意为之努力！

我教育女儿的得与失

在培养女儿这件事上，我有成功的一面，也有不成功的一面。成功的一面是，我一直培养她积极与人沟通，鼓励她与陌生人说话，我告诉她这个世界大多数都是好人，不要把别人想得很坏，要尽量去看别人身上的优点。有了这样的视角，她的性格才能变得宽容、开放。我女儿的心态比较平和，不太喜欢与人争斗，也不爱计较一些小的得失。老师说她是一个善良、善解人意的孩子。从女儿识字开始，我就有意识地让她积累了很多词汇，所以她读书时障碍比较少。她喜欢读书，而书读多了，讲故事也就信手拈来，她善于用中英文描述各种各样的情景，语言表达能力很强。至于不成功的方面，是没有让女儿养成一个良好的生活习惯，我认为这是我最大的遗憾。我平时工作很忙，女儿的生活几乎都是由阿姨来照顾的，姥姥在家的时候则是姥姥来照顾她，大人帮她做的事情太多了，所以，她在很多事情上都很依赖别人的帮助，而且觉得这是理所当然的。

很多人说，现在有些独生子女不独立，生活自理能力差，离不开父母。我觉得这不能全怪孩子，问题关键在于家长。我有一个朋友，她的女儿也是独生子女，今年14岁，去年夏天就打算出国，而所有的选择，包括申请学校，都是她自己一人独揽，去美国也是自己一个人去的。这在我们看来是很了不起的事情，所以我很想知道她成长背后的故事。跟她的妈妈探讨后得知，这是父母从小对她进行有意识训练的结果。

我在美国也见过另一个国内过去的孩子，在跟这个孩子聊天时得知，她原本到美国只是读一个暑期的课程班，可在学习的过程中，她突然产生一个想法，希望自己留下来继续学习，因为她觉得那个学校比国内的学校更适合自己。于是她就去找校长，想通过这种方式成为一名正式学生。我问她："你为什么这么自信？你有留下来的把握吗？"她就一五一十地跟我讲了她自信的原因。最后我问她："你一个人能独立生活吗？"因为我知道她英语不是很好。她说："我英语是不太好，但是没有关系，因为我有时间去适应，而且我自己会煮饭、会炒菜，独自生活也没有问题。"她妈妈也是做教育的，但跟我的观念很不一样，她认为先天的遗传虽然重要，但后天的成长能给孩子带来更大的改变。一个孩子在不同的环境中成长，在不同的平台上表现自己，她所展示给世界的自我价值也是不一样的。所以，她在孩子很小的时候，就有意识地给孩子创造各种独立锻炼的机会。有一次，她女儿的红领巾落在家里了，她看见了，而且她知道女儿上学不戴红领巾会被罚站，但她没有给女儿送去。因为她认为那是孩子自己的事，既然没有做好，就要接受惩罚，这样，她下次才能记住。

这两个孩子的成长故事让我对女儿的未来充满了信心。在未来的日子里，我要好好培养女儿的独立能力。我的设想是首先我们家要统一思想，我和先生要一起努力，从一点一滴做起，不能急于求成，要始终坚持，相信我们也会培养出一个独立、勇敢的孩子。

在喧嚣的世界里，
坚持以匠人心态认认真真打磨每一本书，
坚持为读者提供
有用、有趣、有品位、有价值的阅读。
愿我们在阅读中相知相遇，在阅读中成长蜕变！

本书经北京新东方大愚文化传播有限公司授权出版

图书在版编目（CIP）数据

成长比成功更重要 / 俞敏洪等著 . — 北京 : 新星

出版社 , 2024.1

ISBN 978-7-5133-5377-9

Ⅰ. ①成… Ⅱ. ①俞… Ⅲ. ①家庭教育 Ⅳ. ① G78

中国国家版本馆 CIP 数据核字（2023）第 232038 号

成长比成功更重要

俞敏洪 等著

责任编辑 汪 欣		**产品经理** 罗 元	
营销编辑 陈可心		**特约编辑** 王 戬	
责任印制 李珊珊　史广宜		**装帧设计** 山川制本 @CINCEL	
内文制作 鸣阅空间			

出 版 人　马汝军

出　　版　新星出版社

　　　　　　（北京市西城区车公庄大街丙3号楼8001　100044）

发　　行　新经典发行有限公司

　　　　　　电话（010）68423599　　邮箱 editor@readinglife.com

网　　址　www.newstarpress.com

法律顾问　北京市岳成律师事务所

印　　刷　河北鹏润印刷有限公司

开　　本　880mm×1230mm　1/32

印　　张　8.75

字　　数　178 千字

版　　次　2024 年 1 月第 1 版　　2024 年 1 月第 1 次印刷

书　　号　ISBN 978-7-5133-5377-9

定　　价　58.00 元